PAROISSE DE FONTAINE-LA-LOUVET

REGISTRE

DE

PAROISSE

DRESSÉ EN EXÉCUTION DE LA PRESCRIPTION
CONTENUE DANS LES NUMÉROS 669-73
DES STATUTS SYNODAUX DU DIOCÈSE D'ÉVREUX
PROMULGUÉS PAR
MONSEIGNEUR DEVOUCOUX,
LE 21 NOVEMBRE 1866

DOCUMENTS INÉDITS COMMUNIQUÉS PAR M. L'ABBÉ DAUVEL

A la Séance du 30 Décembre 1888

TENUE

Sous la Présidence de M. le Duc de BROGLIE

PRIX: 3 FRANCS

BERNAY

IMPRIMERIE Mlles J. & A. LEFÉVRE
40 — Rue des Fontaines — 40

1889

REGISTRE

DE

PAROISSE

SOCIÉTÉ LIBRE DE L'EURE

(SECTION DE L'ARRONDISSEMENT DE BERNAY)

PAROISSE DE FONTAINE-LA-LOUVET

REGISTRE

DE

PAROISSE

DRESSÉ EN EXÉCUTION DE LA PRESCRIPTION
CONTENUE DANS LES NUMÉROS 669-73
DES STATUTS SYNODAUX DU DIOCÈSE D'ÉVREUX
PROMULGUÉS PAR
MONSEIGNEUR DEVOUCOUX,
LE 21 NOVEMBRE 1866

DOCUMENTS INÉDITS COMMUNIQUÉS PAR M. L'ABBÉ DAUVEL

A la Séance du 30 Décembre 1888

TENUE

Sous la Présidence de M. le Duc de BROGLIE

BERNAY

IMPRIMERIE Mlles J. & A. LEFÈVRE

40 — Rue des Fontaines — 40

1889

PAROISSE DE FONTAINE-LA-LOUVET

REGISTRE DE PAROISSE

PREMIÈRE PARTIE

CHAPITRE Ier

Etat topographique et statistique de la paroisse de Fontaine-la-Louvet.

§ Ier

La paroisse de Fontaine-la-Louvet, du doyenné de Thiberville, archiprêtré de Bernay, diocèse d'Evreux, département de l'Eure, est composée de la réunion des anciennes paroisses de Fontaine-la-Louvet, Fontenelles et Saint-Léger-de-Glatigny.

Elle est disséminée sur un territoire passablement étendu, d'une forme peu régulière, comprenant l'espace renfermé entre les neuf communes suivantes qui lui sont limitrophes : au nord, Bailleul-la-Vallée et Saint-Aubin-de-Scellon ; à l'est, Saint-Aubin-de-Scellon, Barville et Duranville ; au sud, Drucourt et Thiberville ; à l'ouest, l'Hôtellerie, Les Places et Piencourt.

La contenance de ce territoire est de 1111 hectares 26 ares 81 centiares ; dans laquelle contenance l'ancienne paroisse et commune de Fontenelles, supprimée, entre pour 276 hectares 44 ares ; et l'ancienne paroisse et commune de Saint-Léger-de-Glatigny, également supprimée, pour 71 hectares.

Les paroisses de Fontenelles et de Saint-Léger-de-Glatigny ont été supprimées après la Révolution, à l'époque du Concordat ; et les communes l'ont été par ordonnance royale en date du 16 mai 1845.

D'après le cadastre terminé le 20 juillet 1847, la commune de Fontaine contenait 1389 hectares 33 ares 52 centiares. En 1850, par autorisation du gouvernement, 278 hectares 6 ares 74 centiares en ont été distraits pour former un territoire à la commune de L'Hôtellerie (Calvados), diocèse de Bayeux, qui n'avait qu'un très petit territoire, et se trouvait en partie enclavée dans le territoire de Fontaine, lequel était borné de ce côté par Marolles (Calvados).

Ici se présente une question importante : « A laquelle des deux paroisses appartient cette portion de territoire, et de quelle juridiction spirituelle relèvent ses habitants, soit présents, soit futurs ? »

La réponse n'est pas douteuse. Le gouvernement peut à lui seul déplacer les limites du territoire civil ou des départements, mais non celles du territoire ecclésiastique ou des diocèses. La circonscription des diocèses ayant été réglée de concert entre le gouvernement et le Souverain Pontife, à l'époque du Concordat, ne peut pas être dérangée sans l'intervention du Saint-Siège. Le droit de juridiction appartient toujours à la paroisse de Fontaine. Sur cette portion de territoire se trouve la ferme de la Cauvillière.

Plus anciennement encore, le territoire de Fontaine s'avançait entre Thiberville et L'Hôtellerie jusqu'en vue de La Chapelle-Hareng. C'est vers l'année 1812 qu'une portion en fut détachée de ce côté.

Le territoire actuel de la commune de Fontaine présente à peu près la forme d'un triangle obtus, dont la base s'étend du nord-ouest au sud-est, le long de la côte de Saint-Aubin et de Barville ; et le sommet se trouve à l'ouest-sud, du côté de L'Hôtellerie. L'église paroissiale est posée sur la base, à trois kilomètres des dernières habitations de la partie nord-ouest, et environ à quatre kilomètres de celles de la partie sud, et autant de celles du sommet. — Le plan cadastral semble un peu figurer le buste d'un guerrier coiffé d'un casque, dont la distraction faite au profit de L'Hôtellerie a coupé la tête.

§ II

L'Église et le Presbytère

L'église paroissiale de Fontaine-la-Louvet est sous le patronage de saint Arnoult, évêque de Metz.

Sa longueur totale, à l'intérieur, est de 29 mètres ; la largeur de la nef est de 6 mètres 40 centimètres, sans compter les chapelles. Elle n'a de chapelles que du côté nord : l'une adjacente au chœur, appelée autrefois chapelle de Saint-Jean ou Chapelle des Marquis, lesquels l'avaient fait construire pour leur usage personnel ; — l'autre, à côté du haut de la nef, chapelle de la Sainte-Vierge. — Du côté du midi, la sacristie, adjacente au sanctuaire.

L'église est entourée du cimetière, sur le bord de la prairie, laquelle prairie environne l'église avec le cimetière presque dans les deux tiers de leur contour. La contenance du cimetière est de sept ares. L'emplacement de l'église se trouve presque à la naissance de la vallée de la Calonne, dont la source première est à très peu de distance, au sud, dans la fontaine même, d'où la paroisse tire son nom. L'adjonction : La Louvet provient du nom de l'un des anciens seigneurs du lieu. Cette source a la puissance de faire marcher un fort moulin, entre la fontaine et l'église, environ à égale distance.

Le presbytère est à l'ouest de l'église, dont il n'est séparé que par le chemin. C'est un vieux bâtiment qui a besoin d'une restauration complète, ou mieux d'être reconstruit à neuf, au moins dans sa partie la plus ancienne. Il est bâti entre verger et jardin, le tout sur une contenance de 74 ares 50 centiares, compris les murs, les banques et fossés de clôture. — Le jardin contenait 14 ares 84 centiares ; en 1870 il a été un peu diminué dans un angle, pour donner un assez large tournant au chemin ; il peut contenir actuellement 13 ares 50 centiares. Le verger contenait 57 ares 65 centiares ; et les bâtiments sont édifiés sur 2 ares. — Le chemin a enlevé aussi une portion de banque du verger, au tournant près de la porte d'en bas du cimetière ; ce qui met la contenance totale actuelle de l'emplacement du presbytère à 72 ares 30 centiares environ.

§ III

Hameaux composant la paroisse

Voici la liste des hameaux composant la paroisse actuelle de Fontaine-la-Louvet, avec leur population respective prise en avril 1856, et leur distance approximative de l'église paroissiale.

	HAMEAUX	Nombre d'habitants	Distance de l'église
Hameaux contenus dans le demi-cercle formé par moins d'un kilomètre de rayon à partir de l'église.	Village de l'église	16	
	Les Trois-Pierres	30	
	L'Augrie	65	
	La Fontaine et le Val de la Font"	25	
	Le Cahot	39	
	Le Moulin et le Val du Moulin. .	22	
Partie du nord-ouest / Anciennes paroisses de Fontenelles	Saint-Léger-de-Glatigny. . . . (ancienne paroisse et commune, supprimées).	75	2 et 3 kil^{tr s}.
	Les Fermes de Fontenelles . .	15	1 k. et 1 k. 1/2
	Le Moulin de Fontenelles . . .	5	1 kil. 1/2
	Le Frary	10	près de 2 kil.
	Les Londes.	12	id.
	Le Bavolet	11	2 k.1/2 et 3
	Le Mesnil-Godement.	16	2 kilomètres.
PARTIE de l'ouest-sud	La Haudardière	95	2 et 2 kil. 1/2
	Les Perrés. . . . . (dits hameau Quércy)	5	2 kil. 1/2
	La Guéroudière . . . . (dite les Quatorze)	18	3 kil. 1/2 et 4.
	Le Bosc-Jouas	24	2 kil. 1/2.
PARTIE DU SUD	Bretoncelles	10	1 kil. 1/2.
	La Harèque.	11	id.
	La Barbotière	37	id.
	Le Beau-Soleil.	4	id.
	La Martellière	30	2 kil.
	La Buissonnière	36	id.
	Le Louvre	7	2 kil. 1/2.
	Villards.	11	2 kil.
	Le Rouveret	11	3 kil.
	Les Forgettes.	91	3 et 3 kil. 1/2.
	Guittot. . . . . (Comprend la ferme et le château dit actuellement château de Villers).	11	3 kil. 1/2.
	La Mannerie	18	près de 4 kil.

(La Cauvillière n'est pas comptée)

763

La population de la commune de Fontaine, comme celle des autres communes rurales en général, a subi diminution dans les divers recensements successifs.

Le recensement de 1846 comptait 854 habitants.

Celui de 1851 . . . . 806 —
Celui de 1856 . . . . 763 —
Celui de 1861 . . . . 732 —
Celui de 1866 . . . . 696 —
Celui de 1872 . . . . 655 —
Celui de la fin de 1876. . . . . . . 637 —
Celui de la fin de 1881. . . . . . . 593 —
Celui du 31 mai 1886 . . . . 603 —

CHAPITRE II

Notices historiques extraites d'anciens titres.

§ Ier

Notice générale concernant l'administration supérieure, ecclésiastique et civile.

Anciennement cette contrée-ci faisait partie du diocèse de Lisieux et du Grand-Archidiaconé du Lieuvin, jusqu'au Concordat de 1801. — La paroisse de Fontaine-la-Louvet et les autres du voisinage étaient du Doyenné de Moyaux.

Quant à l'administration civile, elles relevaient du Parlement de Rouen, de la Généralité d'Alençon, de l'Election de Lisieux, du Bailliage de la vicomté d'Orbec, et de la Sergenterie de Moyaux.

§ II

Extraits de vieux titres de constitution de rentes, fournissant d'utiles notions sur les anciennes seigneuries de Fontaine et sur le clergé paroissial.

I

L'an 1578, le 18 mai. — Contrat de constitution de rente, par vénérable et discrète personne Guillaume Vaudon,

prêtre, pour fondation de deux hautes messes de Requiem,
l'une la veille de la Toussaint, l'autre la veille de la Pentecôte.

Titre de ce contrat :

« A tous ceulx . qui . ces p^ntes verront ou orront Jehan
Ferey . Chevallier Conseiller du Roy n^re (notre) sire
(Henri III, à la fin de la 4e année de son règne), en son
privey conseil seigneur de Durescu . sainct André Fontainnes Mallou et la Chapelle Baivel . guarde du sceel des
obligacions de la viconté Dorbec Salut sçavoir faisons . que .
p^r devant m^l X^rofle (Michel Christophe) Sebyre et Symon
Delacroix tabellions royaulx en ladicte viconté pour la sergenterye de moyaux au siége de lhostellerie soubs lauto^te du
roy et de monseigneur, furent prs^ts vénérable personne
maistre pierre Lailler pr^tre curé de l'église parroessiale de
Fontainnes-La-Louvet . noble homme nicollas . de . Flambart . sieur de . Villers . de Viette et de Folleville thésaurier
consulaire en ladicte parroesse, Richard Allain et martin
Jouveaux thésauriers datifs . maistres Pierre Lesieur et
Symon Harel pr^tres (suivent les noms d'un bon nombre d'autres paroissiens), lesquels après avoir considéré et deslibéré
ensemble du don et osmône que a intention et voulloir faire
en ladicte église pour l'augmentation d'icelle vénérable et
discrepte personne maistre Guille Vaudon p^tre d icelle parroesse de Fontainnes jusques à la concurrence de la somme
de trente trois escus deux tiers dix souls à l'intention dudit
Vaudon estre associyé et participant aulx messes . suffrages
prières et oraisons qui seront à l'advenir dictes et célébrés en
ladicte église . se sont en considération et faveur de ces
intentions submis et obligés pour eux et leurs successeurs
envers ledict Vaudon... . faire dire et célébrer par lesd. curé
ou vicaire et p^tres de ladicte parroesse chacun pour tous et tous
à perpétuité c'est à sçavoir deux hautes messes de Requiem,
l'une et la première la veille de Toussaint prochainement
venant et l'autre la veille de Penthecouste enssuivant et
ainssy à continuer d'an en an à tousjours. Durant lesquelles
messes et lendemain le service durant sera mys ung cierge
flanbant sur la tombe des parents et amys dudict Vaudon et
après son déceds sur la scienne..... Ce fut faict et passé à

Fontainnes-la-Louvet, yssue de la grande Messe parroessialle dudict lieu le dimanche dixhuict^{me} jour de may l'an mil cinq cent soixante dix huit. Présents..... et m^{str} Jacques Lefebvre vicaire de lad. p^{roesse} de Fontainnes. »

II

Autre fondation. du 17 janvier 1610, par la dame Ferey :
« A tous ceulx qui ces présentes lettres verront ou orront le garde du scel aulx obligations de la viconté d'Orbec, salut, sçavoir faisons que pardevant Guillaume Dumoulin et Symon Morel tabellions royaulx au siège de Lhostellerie fut présente haulte et puissante Dame Jeanne Delannay veuve de feu hault et puissant seigneur Messire Jehan Ferey en son vivant chevallier de l'ordre du Roy, conseiller en ses conseils d'Estat et princ' seigneur de Durescu Sainct-André Fontaines-La-Leuvet Malou et La Chapelle Bayvel Meue en devotion, laquelle désirant le salut de son âme et de ses parents et amis vivants et trépassés venus et advenir et désirant aussy le bien proffit et augmentation de l'églize parroessialle et thesor dudict lieu et parroesse de Fontaines et affin d'estre elle et sesdicts parens et amis vivants et trespassés venus et advenir participants et assossiés aulx messes, prières, suffrages, oraisons et aultres bienffaicts qui au temps advenir à jamais seront faicts, dicts, et célébrés en ladicte église a ladicte Dame de son bon gré et voulloir donné, quicté, délaissé, et aumosné par ces présentes dès maintenant et à tousjours à fin d'héritage perpétuel tant pour elle que pour ses hoirs à ladicte église et thésor de Fontaines. C'est à sçavoir troys acres de terre labourable par mesure scituez et assizes audict lieu et parroesse de Fontaines avec les arbres et hayes dessus estants, bornez d'un costé noble homme Jacques de Bellemare sieur de Duranville par acquisition de noble homme Jehan de Flambart sieur de Guittot, d'aultre costé le chemin tendant de ladicte église de Fontaines au village de la Buissonnière, d'un boult le petit chemin qui tent à L'hostellerie, et d'aultre boult le chemin ou sente tendant dudict village de la Buissonnière au village de la Barbotière passant au travers dudict petit chemin. Tenues de la sei-

gneurie dudict Fontaines, à la charge et subjection notamment par ledict thésor de faire dire et célébrer en ladicte églize par les p^{tres} et chappellains d'icelle églize et parroesse par chacun an à l'advenir à tousjours et à jamais à l'intention de ladicte Dame, dudict feu seigneur de Durescu son mary, du feu seigneur de Durescu leur fils et aultres leurs parents et amys vivants et trespassés venus et advenir les messes cy-après déclarez et mentionnez savoir douze messes basses chacune le premier mardy de chacun moys auquel jour de mardy décéda ledict seigneur de Durescu mary de lad. Dame avec ung Libera, De profundis et oraisons solites et acoustumés en la fin de chacune desdictes messes sur et à l'endroict des tombes desdicts feus seigneurs de Durescu et de lad. Dame et de leurs parents et amis qui sont et seront en ce lieu inhumés et ensepulturés à commencer le jour de mardy prochain et ainsy à continuer d'an en an et de moys en moys aud. jour de mardy à tousjours et à jamais comme dict est. Item de faire dire et célébrer à l'intention que dessus par chacun an à tousjours et à jamais comme devant le jour de la Vigille de monsieur Sainct-André apostre une aultre messe à notte avec vigilles et ung Libera, De profundis et oraisons solites en la fin de lad. messe sur lesd. tombes et sepultures a commencer la Vigille Sainct-André prochain et à continuer comme dessus. Et davantage de faire dire et célébrer à l'intention que devant par chacun an à l'advenir à tousjours et à jamais à tel jour que decedera lad. Dame une aultre messe à notte avec vigilles ung Libera De profundis et oraisons acoustumés sur lesdictes tombes et sepultures à commencer le jour du deceds dicelle Dame et continuer comme dict est. Et pour le salaire desd. p^{tres} et chappellains pour dire et célébrer par chacun an lesdictes messes au nombre de quatorze avec les vigilles Libera De profundis oraisons et services ainsy qu'il est cy-dessus déclaré leur sera paié et délivré par chacun an à tous ensemble pour le toult par led. thésor la somme de quattre livres tournois à prendre sur le revenu qui proviendra dud. héritage. La présente fondation ainsy faicte par lad. Dame en la p^{nce} (présence) de noble et discrepte personne Messire Philippes Leconte p^{tre} sieur de Huests, Mre Guillaume Bullet p^{tre} curé dud. Fontai-

nes, Maistres L'oys Debeaumont, François Desbuissons et
Martin Lyvet p[tres] et chappellains dud. lieu, Pierre Haudard
thésorier dud. thésor (et beaucoup d'autres paroissiens)......
Et à la charge aussi qu'il sera paié et délivré par chacun an
à l'advenir à tousjours et à jamais suivant le voulloir et
intention de lad. Dame à ung maistre d'escholle qui sera
p[tre] ou pour le moins receu aux saincts ordres, lequel tiendra
escholles pour led. temps advenir à tousjours aud. lieu et
parroesse de Fontaines. A sçavoir la somme de quinze livres
tournois qui lui seront paiés d'an en an par led. thésor à
prendre sur le fermage dud. héritage par chaque moys.......
A ce présent et autorisant noble et puissant seigneur Messire
Loys Leconte chevallier seigneur de Brucourt, Villers, Huest
et Apremont, et aussi seigneur et pastron dudit Fontaines à
cause de noble Dame Catherine Ferey sa femme, fille et héritière dudict feu seigneur de Durescu et de ladicte Dame,
lequel a eu et a lesdictes fondation, don et aumosne pour
agréables....... Ce fut faict et passé yssue de la grande Messe
parroessialle de ladicte parroesse de Fontaines le dimanche
dixeptyesme jour de janvier l'an de grâce mil six cent et dix.

III

« Le 14 avril 1618, fondation de trois Messes, la 1re à notte
avec secondes vespres, les deux autres basses, par Nicollas
Boudin et Marion Desbuissons sa f[me] de la paroisse de Fon-
taines-la-Louvet, — acceptée par noble et discrette personne
Messire Philippe Leconte p[tre] sieur de Huets curé et recteur
et thésorier dudict Fontaines ; — présents maistres Guillaume
Corbelin et Martin Lyvet p[tres] de ladicte parroisse, tesmoings. »

IV

Le 18 octobre 1624. Autre titre. — Contrat d'échange des
trois acres de terre de la fondation du 17 janvier 1610 contre
trois autres acres de terre, entre le trésor de l'église de
Fontaine, d'une part, et d'autre part, Jeanne de Flambart,
épouse de Jacques de Bellemare sieur de Duranville :
« A tous ceulx qui ces p[ntes] l[r]s verront François Lemercier

garde hérédital aulx obligations de la viconté du Pontautou et Pontaudemer salut savoir faisons que par devant Christofle Dasnières et Pierre Durand notaires et tabellions royaulx jurés et establis en ladicte viconté de Pontaudemer ès sièges de Cormeilles et la Chapelle-Bayvel fut présent noble seigneur Messyre Loys Leconte chevallier seigneur de Brucourt Villers Huets, Fonteynes et aultres sieuryes faisant sa résidence au chasteau de Mallou paroisse de Saint Pierre dudict Cormeilles cy-devant thesaurier du thesor et fabricque de la paroisse de Fonteynes-La-louvet lequel tant en ladicte qualité que comme porteur de certifficat et pouvoir spécial de faire et passer le présent contract faict par devant Mre Guillaume Corbelin, p^tre vicaire d'icelle parroisse de Fonteynes datté du vingtyesme jour de novembre mil six cent vingt-deulx..... « L'an mil six cent vingt-deulx le dimanche vingtyesme de novembre se sont assemblés par devant moy Guillaume Corbelin p^tre vicaire de la parroisse de Fonteynes-La-louvet les parroissiens d'icelle estant en estat de commun yssue de la grand'messe parroissiale dont les noms et surnoms en suivent (mentionnés en grand nombre). Ont fait entendre par noble seigneur messire Loys Leconte seigneur de Brucourt et Fonteynes à présent thésaurier dudict thésor dud. Fonteynes que noble damoiselle Jeanne de Flambart espouze de Jacques de Bellemare escuier sieur de Duranville désiroit faire eschange audict thésor de trois acres de terre qui aumosnees avoient esté aud. thésor par noble dame Jeanne Delannay dame de durescu par contract passé devant les tabellions de Thiberville le dixseptyesme jour de janvyer mil six cent et dix. Ont yceulx parroissiens consenty et accordé audict seigneur de Brucourt et passé pouvoir spécial par le présent de faire eschange et..... En tesmoing de quoy nous avons signé les an et jour dessus dicts, en présence de Mes Jean Reffart et Martin Lyvet p^tres tesmoings ; lesquels parroissiens dessus nommés ont signé avec ledict Corbelin vicaire » (Indication de l'échange consistant en trois pièces de terre)..... A ce présente noble Jeanne Delannay dame de durescu laquelle a eu et a pour agréable le présent eschange parceque l'héritaige baillé en contre eschange demeurera affecté aux mesmes charges conditions et subjections portées

par son contract de donation du dix-septyesme jour de janvyer de l'an mil six cent dix..... Ce fut faict et passé aud.
chasteau de Mallou le vendredy après midy le dixhuityesme
jour d'octobre L'an de grâce mil 6 cent vingt-quatre, présent
vénérable et discrepte personne me⁸ Allexandre Delamarc
pᵗʳᵉ curé dudict Fonteynes..... (et autres témoins nommés).»

V

Le 13 novembre 1630, contrat de diverses fondations de
haultes Messes à notte et de Messes basses, par noble Dame,
en son lit malade, Catherine Ferey, fille de Jehan Ferey,
seigneur de Durescu, et de Jeanne Delannay, veufve de feu
messire Loys Leconte, chevalier, seigneur de Brucourt, Dame
de Durescu, Fontaines, Mallou et Mondreville, faisant sa
résidence au manoir seigneurial de Fontaines ; lesdites fondations acceptées au nom du thésor de l'église de Fontaines
par vénérable et discrette personne messire Alexandre Delamare, prestre curé dudict lieu ; présents à ce Maistres Guillaume Corbelin et Martyn Lyvet prestres ; faites à l'intention
et commémoration de feu messire Philippe Leconte, prestre,
sieur de huest, en son vivant curé dudict lieu de Fontaines
(beau-frère de la fondatrice), — dudict seigʳ Loys Leconte
son époux, — de feu messire François Ferey, seigneur de
Durescu, seul fils et héritier de feu messire Jehan Ferey,
chevalier seigneur de Durescu, son frère, duquel ladicte
Dame est devenue seule héritière, — comme aussi en ressou-
venance de noble Dame Marguerite Ferey, Dame de Fermanville sa sœur aînée ; — enfin fondation pour elle-même
à commencer au jour de son décès. — Sera payé aux prestres de Fontaines dix solds pour chaque Messe à notte, et
cinq solds pour chaque Messe basse.

VI

Le 15 janvier 1641, — Fondation par Maistre Corbelin
Prestre :

« A tous ceulx qui ces présentes lettres verront ou orront
la garde du scel aux obligations de la vicomté d'Orbec salut
sçavoir faisons que par devant Nicollas Haudard et Françoys

Thoumin nottaires et tabellions royaulx au siège de Thiberville fut présent discrette personne Maistre Guillaume Corbelin ptre de la paroisse de Fontaine-la-Louvet, lequel meu de
dévotion et pour la plus grande gloire de Dieu désirant
l'augmentaon du service divin en l'esglize dudict fontaine et
affin que le peuple s'acquitast plus commodément de son
debvoir d'ouir la Messe aux jours de feste a pour cette
consideraon volontairement fondé en ladicte Esglize vingt
premières Messes basses qui seront dictes et célébrées par
les ptrs chappelains à l'intention dud. prestre et ses amis
vivants et trépassés à l'heure accoustumée que les enfans et
pasteurs la pourront ouir, à sçavoir aux deux festes d'après
le jour de Noel, Pasques et Pentecoste, aux festes de la Circoncision, les Roys, l'Ascension, au jour St-Mathias, Sainct-
Marc, l'Invention Saincte Croix, à la Sainct Jean Bablyste,
Sainct Pierre et Sainct Paul, Sainct Barthelemy, Sainct
Mathieu, Sainct Michel, Sainct Lucas, Sainct Symon, Sainct
Jude et Sainct André, à la fin desquelles sera dict par les
chappelains un Libera de profondis et trois oraisons à ce
convenables et la recomadaon dycelle fondation au prosne du
dimanche précédent que chacun escherra à la manière accoustumée ainsy que jugera à propos le sieur Curé, son vicaire
ou celuy qui faira l'office, et arrivant que l'un de ces jours la
tombast au dimanche ou jours ausquels il y aurait première
Messe la Messe de la fondation sera remise au lendemain ou
autre jour de la sepmainne suivante selon que le sieur Curé
en ordonnera. Et pour maintenir et entretenir ladicte fondation ledict sieur Corbelin ptre a donné quitté et délaissé audict
thésor et fabricque dudict lieu affin d'héritage tant pour luy
que pour ses héritiers, c'est à sçavoir deux parties de rente
hyppothèque créée à cause du fond qu'il a droict d'avoir et
prendre annuellement l'une montant soixante et onze sols
cinq deniers sur les héritiers de feu Maistre Françoys le Bel-
lenger en son vivant chirurgien et.... (Détail de la prove-
nance) ; et l'autre à prendre sur Thomas Scelles dudict lieu
de Thiberville montant quattre livre cinq sols huit deniers
par contract de fief..... (Détail). Voulant ledict Corbelin qu'il
y ait pour chacque Messe cinq sols qui se monteront pour
lesdictes vingt Messes la somme de cent sols par chacun an

et le reste tournera au bénéfice dudict thésor, lesquels cent
sols seront payés auxdicts p^{res} chappelains par les thésoriers
qui seront en charge comme les autres obits de ladicte esglize ;
et acceptée pour et en nom dudict thésor par vénérable et
discrette personne Mais^t Nicollas Basley prestre docteur en
théologie et curé dudict lieu de Fontaines stipulant en fait
dycelui thésor par certificat du pouvoir à luy donné par les
parroissiens en commun de ladicte parroisse rendu devant
Maistre Jehan Rocher prestre vicaire dudict lieu au jour et
feste de Circoncision du Seigneur premier de janvier an
présent..... (Détail de garantie). A ce présent honneste
homme Jacques Haudard fils Nicollas à présent thésorier
dudict thésor..... Ce fut fait et passé avant midy audict lieu
de Fontaine le quinziesme jour de janvier l'an de grâce mil
six cent quarante et-un, présents à ce Messires Martin Livet
et Françoys Martel prestres chappelains de ladicte paroisse,
tesmoings qui ont avec lesd. parties notaires et tabelli^{ons}
signé au registre du présent. »

VII

Le 17 février 1641. — Fondation de 52 Messes hautes tous
les vendredis de l'année pour Maître Alexandre Delamare,
ci-devant curé de Fontaine, par Bertheline Delamare (sa
sœur, ou bien sa niéce.) — Les titres n'existent pas dans
les vieilles archives du presbytère. — Il ne s'y trouve qu'une
note, aux dates du 7 juin 1640 et 17 février 1641 ; plus l'indication des 52 Messes hautes, à la fin d'un cahier d'inventaire portant la date de 1658.

« Contrat portant que Jacques Haudard Trésorier de
Fontaine a reçu de Bertheline Delamare, v^{ve} de feu Estienne
Leprieur la somme de 400 livres pour acquitter les prières
portées au testament de Maître Allexandre Delamare vivant
prêtre curé de ladite parroisse passé devant Thoumin et
Haudard tabell. à Thiberville le 7 juin 1640, laquelle somme
de 400 l. a été constituée en 28 l.-3 s. 4 d^s de rente hipotèque
créée et affectée sur tous les biens dudit Haudard, payable
au 17 février de chacune année. » (Cette note indicatrice

fait partie d'un inventaire de titres qui paraît avoir été rédigé sous la République).

VIII

Le 15 janvier 1644, vénérable et discrette personne Messire Pierre Lailler, prestre de la paroisse de Fontaine-La-Louvet, gisant en son lit, malade, touttefois sain d'entendement, fait plusieurs fondations pour lesquelles ses héritiers sont chargés de verser cent cinquante livres tournois à son exécuteur testamentaire à prendre sur ses biens. Il sera appelé à son inhumation quatre charités à chacune desquelles il sera payé pour tout droict quarante-cinq sous. — On celebrera du jour de son décès un trentain de Messes, et iceluy finy continuer jusques au bout de l'an à dire et célébrer par chaque sepmaine une haulte Messe des défunts et à la fin d'icelle les prières accoustumées en l'esglise ; et désirant être inhumé dans l'esglise il donne au thésor la somme de cinquante livres, à la charge de faire dire et célébrer à tousjours et à perpétuité trois haultes Messes, par chacun an, des défunts, avec les prières accoustumez à la fin d'icelles sur son tombeau, l'une à pareil jour qu'il deceddera, et les deux autres aux fêtes de Monsieur Sainct Pierre, sçavoir en janvier et juin ou aux plus prochains jours d'apprés icelles ; sera payé aux prestres qui diront lesdictes Messes et prières à la fin dix solds par chacque Messe haulte et cinq par chacque Messe basse.... (Importantes distributions aussi pour les pauvres) — Exécuteur testamentaire discrette personne Messire Nicolas Basley p^{tre} docteur en théologie curé dudict lieu de Fontaine.

IX

Le 3 juillet 1648, contrat d'échange de pièces de terre entre discrette personne Messire Jean Rocher à présent thrésorier de la fabrique de Fontaine, et noble Seigneur Messire Alexandre de Païsant chevallier seigneur de Sainct Martin de Boultemont et de Fontenelles à cause de noble Dame Peronne de Bauchard son espouse.

X

Le onze septembre 1651, dans un fragment de contrat de

constitution de rente les paroissiens ont fondé de pouvoir vénérable et discrepte personne Messire Nicollas Basley p^tre docteur en théologie, promoteur en l'officialité de Lisieux.

XI

Le 30 juillet 1660, — contrat de fondation par *Laurent* de Flambart, escuyer sieur de Guittot, de trois hautes Messes et six Messes basses.

XII

Le onze avril 1664. — Testament par M^tre Jacques Haudard, chirurgien, portant donation d'une demi-acre de terre en labour et d'une somme de cinquante livres une fois payée, au trésor de l'église de Fontaine, avec fondation de 12 Messes basses à dire annuellement à perpétuité tous les premiers samedis de chaque mois, avec trois haultes Messes, sçavoir, deux le jour de son deceds et l'autre le jour de sainct Mathias, jour du deceds de feue honneste femme Gillette Caillot son espouze en premières nopces ; A la fin de chacune desquelles seront dictes les prières ordinaires aux lieux de leurs sépultures ; toutes lesquelles Messes seront dictes et célébrées par les Sieurs Curez et prestres régénérez dudict lieu, auxquels sera paié par les trésoriers en charge huict solds pour chacune Messe basse et pour chacune des haultes tant pour le célébrant que pour les prestres assistants. Il a nommé et suplie Messire Jacques Dumouttier prestre de ladicte parroisse de Fontaine à ce présent d'agréer la commission de faire exécuter le présent testament en son intégrité... Ce fut faict et passé après midy le onzeiesme jour d'avril l'an de grâce mil six cents soixante et quatre ; p^nce de Messire Nicollas Desbuissons prestre (et autres témoins) — Dans le cours de l'acte est aussi mentionné Messire Félix Lecomte de Nonnant chevallier seigneur de Villers.

Le préambule de ce testament est ainsi conçu :

« A tous ceulx qui ces présentes lettres verront ou orront Nous garde du scel aux obligations de la viconté d'Orbec Salut sçavoir faisons que par devant Philippe Delannay et Michel Haudard licentié és droits nottaires et tabellions

royaux en lad⁰ viconté pour le siège de Lhostellerie, Sergenterie de Moyaux soubs signez, fut présent Jacques Haudard
Mᵗʳᵉ chirurgien de la parroisse de Fontaine La Louvet, y
demeurant, gisant en son lit malade sain toutefois d'esprit et
d'entendement, Lequel comme vray chrestien ayant imploré
la miséricorde de Dieu, participé aux Sainct Sacremᵗ de
LEucharistie et recommandé son àme à la glorieuze Vierge
Marie, à Sainct Arnoult Sainct Jacque son patron à tous les
Saincts et Sainctes de Paradis se jugeant prest de quitter ce
monde pour par les merittes de la passion de Nostre
Seigneur Jésus Christ entrer dans la gloire des bienheureux
a déclaré sa dernière vollonté devant les personnes cy après
nommez et âgez suivant que la coustume requiert, après avoir
recommandé surtout et exhorté damoiselle Susanne de Bosc-
quencé son espouze et honnestes hommes Michel et Yves
Haudard ses frères de s'aymer et vivre tousjours en bonne
intelligence d'avoir la crainte de Dieu devant les yeux parceque de là dépend toutte la prospérité d'une famille ; A
déclaré son testament et ordonnance de dernière volonté....»

XIII

Le 28 octobre 1664. — Constitution de rente par Messire
François Lecomte de Nonant, marquis de Fontaine, Seigneur
de Duresceu, Huest, Brucourt, Bretoncelle, et autres lieux,
(dans un fragment de parchemin, en date du 22 décembre
1661, Gravigny est aussi du nombre) pour la fondation de
une Messe haulte des deffunts avec Libera et autres prières
accoutumées chantés par les sieurs curés, chappellains, prestres régénérés (c.à.d. successifs) de ladicte parroisse dans la
chapelle dudict seigneur tous les premiers mercredis de tous
les mois de l'année, à perpétuité, à l'intention et pour le repos
de l'âme de défunt Messire *Léonor* Lecomte, vivant chevalier
seigneur de Brucourt, et à l'intention de ses parents vivants
et trépassés ; pour laquelle fondation a été donnée au trésor
de la fabrique de Fontaine la somme de cent vingt livres
tournois. — Fut présent comme fondé de pouvoir par ledict
trésor et la paroisse Messire Jacques Dumouttier, prestre
vicaire de la parroisse de Sainct Arnoult de Fontaine ; aussi

présents comme témoins Messires *Nicollas* Desbuissons et *Jean* Hallebout, prestres de ladicte paroisse de Fontaine, y demeurants.

XIV

Le 19 septembre 1690. — Fondation de une Messe haute et deux Messes basses à l'intention de Messire Robert Auber, vicaire de St-Aubin-de-Scellon, originaire de Fontaine, décédé le 12 avril 1687.

XV

Réclamation du marquis de Fontaine au sujet des fondations de sa famille :

« L'an 1699 le unième jour de mai, en la visite de l'église
» de Fontaine faite par nous Louis Henry de Romé de Ver-
» nouïllet, licencié es-lois de la faculté de Paris, grand
» archidiacre de Lisieux, veu le compte ci-dessus, avons
» trouvé par l'examen d'iceluy que le comptable etc......
» Représenté par M^r le marquis de Fontaine que plusieurs
» fondations ayant été faites par ses prédécesseurs, n'étaient
» pas exactement acquittées ; — Répondu que les honoraires
» étaient insuffisants pour les charges ; — Décidé qu'il y
» aurait réduction conformément aux ordonnances et règle-
» ments du diocèse ; — et que ledit Seigneur de Fontaine
» consentirait à fournir des fonds suffisants. »

Signé : DUMOUTIER. Félix DE FONTAINE-NONANT.
DE ROMÉ DE VERNOUÏLLET.

M DE GEMONT p. c.
de Fontaine.

(Il n'apparaît pas qu'il ait été donné suite à cet accord).

Si dès l'année 1699 la valeur monétaire avait déjà tellement diminué que les honoraires des fondations faites dans le cours du siècle étaient devenus insuffisants, dans quelle énorme proportion la valeur monétaire a toujours diminué de plus en plus depuis cette époque !

La Révolution de quatre-vingt-treize a totalement effacé les fondations susdites et toutes les autres, de telle sorte qu'il n'en reste plus aucun vestige.

§ III

Documents provenant du baptême des anciennes cloches

L'an 1615. — LA PETITE CLOCHE

« En 1615 je fus nommée Catherine par noble Seigneur *Loys* Lecomte et noble Dame Catherine Ferey son espouse, ledit Lecomte Seigneur de Brocourt, Villers, Huest, Apremont, et Fontaine à cause de sadite espouse. Noble et discrette personne Mre *Philippe* Lecomte Seigneur de Huest, trésorier de céans m'a fait faire. »

L'an 1629 et l'an 1675. — LA GROSSE CLOCHE

« En 1629 je fus nommée Renée par messire François Lecomte de Nonant, chevalier Seigneur et patron de Fontaine, Brocourt, Huest, et Durescu et autres lieux, et par Renée Lecomte espouse de messire Etienne De la Rocque, chevalier Seigneur de la Rocque, Letheil, Lamare, etc. ; — et refondue en 1675, et nommée Marie par ledit Seigneur de Fontaine et noble Dame Marie de la Rocque, espouse de messire Jean de Boschenry chevalier Seigneur de Drocourt, Lamare, etc. »

CHAPITRE III

Historique des Seigneuries

§ Ier

SEIGNEURIE DE FONTAINE

En 1564, étaient Seigneurs de Fontaine-la-Louvet :
Messire Jean Ferey, Conseiller du Roi, Seigneur de Durescu, Saint-André, Fontaine, Malou et La Chapelle-Bayvel,
Son épouse Jeanne Delannay.

Leurs enfants :

1er François Ferey, seigneur de Durescu, qui mourut dans sa jeunesse.

2ᵉ Marguerite Ferey, qui fut Dame de Fermanville.

3ᵉ Catherine Ferey.

Les actes de fondation indiquent bien que la sépulture desdit seigneurs et de leur fils eut lieu dans l'église de Fontaine.

A Jean Ferey succéda, comme époux de Catherine Ferey sa fille, vers l'an 1604, Messire *Louis* Lecomte de Nonant, Chevalier seigneur de Brucourt, Villers, Huest, Apremont, Malou, et de Fontaine par sa femme.

La famille Lecomte de Nonant, était originaire de Nonant, qui, à cette époque était du diocèse de Lisieux, dans le doyenné de Gacé ; actuellement du département de l'Orne, canton de Merlerault, arrondissement d'Argentan.

Louis Lecomte avait un frère, Messire Philippe Lecomte de Nonant, prêtre, sieur de Huest, qui devint curé de Fontaine à la fin de novembre 1615.

Louis Lecomte était trésorier de l'église de Fontaine en 1622.

Enfants de *Louis* Lecomte et Catherine Ferey :

1ᵉʳ *François* Lecomte.

2ᵉ *Robert* Lecomte, dont acte de baptême : « Le 20 février 1607 fut baptisé noble homme *Robert* Lecomte, fils de noble homme *Louys* et de noble damoyselle Catherine Ferey son épouse. Eut pour marraine la damoyselle vicomtesse fille du sieur de Serquigny. » — Il mourut jeune.

3ᵉ *Félix* Lecomte, seigneur de Villers.

4ᵉ *Renée* Lecomte, qui fut Dame de la Rocque.

A *Louis* Lecomte, mort entre 1625 et 1630, succéda dans la seigneurie de Fontaine son fils :

Messire *François* Lecomte de Nonant, chevalier, marquis de Fontaine, seigneur de Brucourt, Durescu, Bretoncelles, Huest, Gravigny.

Messire *François* Lecomte épousa noble Damoyselle *Louise* d'Angennes.

Leurs enfants désignés dans les actes suivants :

« Nous soussigné docteur en théologie et curé de Fontaine-la-Louvet attestons à tous qu'il appartiendra que tous les baptêmes faits depuis le commencement du mois de juillet

1640 jusqu'à ce jour ont été faits et célébrés par nous ou par autres auxquels nous en aurions donné la commission, et attestons aussi que le 9 juillet de ladite année 1640 fut ondoyé par messire Jean Rocher prêtre de ladite paroisse le fils aîné de noble seigneur Messire *François* Lecomte, seigneur de Fontaine et autres lieux, et de noble Dame *Louise* d'Angennes, lequel fut nommé en l'église de S. Paul de Paris où les cérémonies du baptême furent faites, *Jacques Louys m* par Mgr l'Illustrissime et Réverendissime Evêque de Bayeux et haute et puissante Dame Louise *Isabelle* d'Angennes veuve de défunt haut et puissant seigneur Messire d'Aumont chevalier des Ordres du Roy.....

Attestons aussi que le second fils dudit seigneur et de ladite Dame de Fontaine a été ondoyé par nous le 10 janvier 1642. En témoignage de quoi nous avons signé ce présent et contre-marginé la fin des pages et feuillets du présent registre ce jour 27 de juin 1643. »

N. Basley,
ptrᵉ.

« Ledit enfant mâle, second fils dudit seigneur et de ladite Dame de Fontaine a été nommé *Léonor* par Mgr l'Illustrissime et Révérendissime père en Dieu Messire Léonor de Matigny Evêque sans diocèse, dans l'église de Fontaine, où les cérémonies du baptême ont été faites le 3 apvril 1643. — La marraine madame de Boussey. »

« Le 27 juin 1643, un enfant de noble homme messire *François* Lecomte Chevalier seigneur de Fontaine et plusieurs autres titres et seigneuries et de noble Dame *Louise* d'Angennes ondoyé par nous soussigné ptrᵉ docteur en théologie et curé de Fontaine. »

N. Basley,
ptrᵉ.

« Le 10 août 1643, *Félix* Lecomte, fils de noble Seigneur Messire *Fran.* Lecomte seigneur de Fontaine et noble Dame *Louise* d'Angennes, nommé par noble seigneur Messire *Félix* Lecomte seigneur de Villers et noble Damˢ *Renée* Lecomte

Dame de la Rocque en l'église de Fontaine où les cérémonies
du baptême ont été faites par moi Fr^an Martel p^tre, lequel
enfant avait été ci-devant ondoyé le 27 juin audit an. »
Un quatrième fils qui sera mentionné ci-après.

Quatre fils de Messire François *Lecomte et de noble Dame*
Louise *d'Angennes :*

L'aîné, ondoyé en l'église de Fontaine le 9 juillet 1640. Les
 cérémonies du baptême en l'église de s. Paul de Paris
 par Mgr l'Evêque de Bayeux, Nommé *Jacques-Louis*.
Le second, *Léonor* ondoyé le 10 janvier 1642 en l'église de
 Fontaine par Mre Basley, curé de Fontaine. Les cérémonies du baptême le 3 avril 1643, en l'église de
 Fontaine par l'Illustrissime Evêque Léonor de Mati-
 gn^on.
Le troisième, *Félix*, ondoyé en l'église de Fontaine le 27 juin
 1643 par Mre Basley, Curé. Les cérémonies du baptême
 le 10 août 1643, en l'église de Fontaine, par Mre François Martel, vicaire.
Le quatrième, *Louis François*, né le 7 février 1645 (étant en
 grand doute sur son baptême, a été baptisé sous condition en l'église de Fontaine par Messire Nicolas
 Foucques, curé, le 24 novembre 1665).
Nous les reprenons successivement.

I

Fils aîné. — Messire *Jacques-Louis* Lecomte de Nonant,
qualifié haut et puissant seigneur, chevalier seigneur et
marquis de Bretoncelles. — Parrain à un baptême le 2 août
1650 ; marraine Renée de la Rocque Dame et épouse du sieur
de Drucourt. — Témoin à un mariage le 12 janvier 1666 ;
— et parrain à un baptême le 7 novembre 1666, il est qualifié : chevalier de S. Jean de Jérusalem. — « Le 23 août
» 1667 Messire *Jacques-Louis* Lecomte de Nonant Seigneur
» et Marquis de Bertoncelles décédé en la ville d'Aire en
» Flandre, ayant été blessé au service du Roy Louis 14, lors
» de la conquête des Pays-Bas. »

(Remarque : Bertoncelles. Le vrai nom est Bretoncelles. A cette époque on écrivait l'un et l'autre, de même que Brucourt et Brocourt, Drucourt et Drocourt. — Bretoncelles est une commune du département de l'Orne, et Brucourt du Calvados).

Ledit *Jacques-Louis* Lecomte paraît être :

Père de :

Jacques Lecomte de Nonant, chevalier Seigneur de Fontaine, Saussay et autres titres, etc., époux de Marie-Anne de Riant, de Villeray, lesquels furent :

Père et mère des deux suivants :

« Le 15 juin 1686, au château de Fontaine-Durescu, naquit un fils de Messire *Jacques* Lecomte de Nonant, chevalier seigneur de Fontaine, Saussay et autres titres de seigneuries, commandeur des commanderies de Rüe et Lannoy, et de Marie-Anne de Riant. (Ondoyé en la chapelle du château, par Jacques Dumouttier, prêtre vicaire de Fontaine, par permission de Monseigneur l'Evêque et comte de Lisieux, écrite de sa main et signée : Léonor Evesque de Lisieux.) « Donné en notre château de Courbépine le 8 juin 1686. » C'était Mgr de Matignon.

(Cet enfant mourut le 13 septembre suivant).

« Le 28 février 1688 naquit, et fut ondoyé en la chapelle du château de Fontaine-Durécu, par nous Jacques Dumouttier, par permission de Mgr de Lisieux du dernier janvier (écrite de sa main, à Paris, et signée : Léonor Evesque et Cte de Lisieux), un fils de Messire *Jacques* Lecomte de Nonant, chevalier seigneur de Fontaine, Saussay et autres titres et seigneuries, capitaine aux gardes françaises, commandeur des commanderies de Rüe et Lannoy : et d'illustre Dame Marie-Anne de Riant de Villeray. » — Ce même enfant reçut les cérémonies du baptême en l'église de Fontaine-Durécu et fut nommé *François-Michel*, le 28 avril 1689. Parrain Messire *Louis-François* Lecomte de Nonant (le 4e fils de François, indiqué ci-dessus, et dont il sera parlé spécialement dans la suite), colonel d'un régiment de dragons de francs, chevalier seigneur de Durescu, la Magdeleine, et marquis de Bretoncelles ; marraine illustre Dame *Françoise* Lecomte de Nonant, épouse de Messire Jacques de Vipart, colonel d'un régiment de francs, chevalier seigneur des Otraix, St Julien, et marquis de Silly. »

Signé :

Louis-François LECOMTE DE NONANT.
Françoise LECONTE DE NONANT.

II

Second fils de Messire *François* Lecomte, seigneur de Fontaine, et de noble dame Louise d'Angennes :

Léonor, chevalier seigneur de Brucourt. — Décédé dans sa jeunesse. — Fondation faite par lui en l'église de Fontaine, le 28 octobre 1664, inscrite ci-devant.

III

Nota. — (Le troisième fils *Félix* réservé en dernier lieu, parce que c'est lui et ses fils qui restèrent les derniers possesseurs de la Seigneurie de Fontaine).

IV

Quatrième fils de Messire *François* Lecomte, seigneur de Fontaine. — *Louis-François*, baptisé sous condition.

« Le 24 novembre 1665, devant nous Nicolas Foucques, curé de ce lieu de Fontaine-la-Louvet, s'est présenté le quatrième fils de haut et puissant seigneur Messire *François* Lecomte de Nonant, chevalier seigneur et marquis de Fontaine et autres titres et de très-noble dame *Louise* d'Angennes, né le 7 février 1645....... n'ayant aucun témoignage certain de son baptême autre que le soin et zèle de Messire Nicolas Basley ; et la piété dudit Seigneur et de ladite Dame ses père et mère qui étaient aussi bien que lui dans un grand doute de son baptême ; c'est pourquoi il nous a requis vouloir lui conférer le s[t] baptesme sous condition, ce que nous avons faict cedit jour et an que dessus, Fut nommé *Louis-François* par Messire *Louis-Jacques* Lecomte de Nonant, seigneur et marquis de Bretoncelles (son frère aîné), et par noble damoiselle *Marie-Françoise* d'Angennes, fille de haut et puissant seigneur Messire *Louis* d'Angennes, chevalier seigneur et marquis de Maintenon ; présence de Messire François Desfresnes, bachelier en théologie de la faculté de Paris, Messire Jacques Dumoutier, prêtre vicaire et Nicolas Desbuissons, aussi prêtre, lesquels ont signé. »

Il devint colonel d'un régiment de dragons de francs, chevalier seigneur de Durescu, la Magdeleine, et marquis de Bretoncelles. (Parrain au baptême inscrit ci-dessus).

V

Troisième fils de Messire *François* Lecomte, seigneur de Fontaine :

Félix Lecomte de Nonant, chevalier seigneur et marquis de Fontaine, Huest, Brucourt, chevalier de S. Jean de Jérusalem, et autres titres et seigneuries. — Epoux de noble Dame *Marie-Elisabeth* de Vipart de Silly.

Père et mère de trois fils :

1er *Marie-Félix* Lecomte de Nonant, chevalier seigneur et marquis de Bretoncelles et autres lieux, et, après son père, marquis de Fontaine, né vers janvier 1683. Ce fut lui qui resta le dernier seigneur de Fontaine de la famille Lecomte de Nonant. — A un baptême, le 12 juillet 1737, il figure comme parrain en qualité de marquis de Bertoncelle, seigneur de Fontaine ; — marraine Marie-Madeleine de Pienne.

Signé :
Le marq. de BERTONCELLE-NONANT.

2e fils. « Le 27 octobre 1692 naquit, et fut ondoyé en la chapelle du château de Fontaine, par Maistre Jean Halbout prêtre, un fils de Messire *Félix* Lecomte de Nonant, chevalier seigneur de Brocourt, Huest et marquis de Fontaine, et de noble Dame *Marie-Elisabeth* de Vipart de Silly ; — par permission de Mgr Léonor de Matignon, donnée au château de Fontaine le 15 septembre. — Décédé le 4 mars suivant, « Jacet in sepulchro patrum suorum Durecu. »

3e fils. — Le 16 avril 1694 fut ondoyé en la chapelle du château de Fontaine un fils, né le même jour, de Messire *Félix* Lecomte de Nonant, chevalier seigneur de Brucourt, Huest, Bretoncelles, et marquis de Fontaine, et de *Marie-Elisabeth* de Vipart-Silly.

Décès successifs de la marquise et du marquis de Fontaine, puis du 3e fils, et de l'aîné.

Le 17 décembre 1695 décéda Mme *Marie-Elisabeth* de Vipart de Silly, femme de Messire *Félix* Lecomte de Nonant. — « Inhumation faite par nous Pierre de gemont, curé de Fontaine-la-Louvet. »

Le 20 juin 1705 décéda Messire *Félix* Lecomte de Nonant, chevalier seigneur de Brucourt, Durescu, et marquis de Fontaine. — « Inhumation faite par Mre Guillaume Champion, curé de Bournainville. » — Présents Pierre Levavasseur curé de Fontaine, Jacques Dumoutier et Jean Halbout prêtres de Fontaine.

Le 15 mai 1724 décéda Messire *Anonyme* Lecomte de Nonant....... âgé de trente ans (né et ondoyé le 16 avril 1694), — Inhumé par Mr Champion, curé de Bournainville.

Le 11 janvier 1756 eut lieu l'inhumation de Messire *Marie-Félix* Lecomte de Nonant, chevalier seigneur et marquis de Bretoncelles et autres lieux, âgé de 73 ans. — Déposé dans le caveau de la famille.

C'est le dernier marquis de Fontaine de la famille Lecomte de Nonant.

Le caveau existe sous la chapelle seigneuriale construite tout le long du chœur, qui était appelée la chapelle des marquis. — Pendant la révolution de quatre-vingt-treize, on ouvrit le caveau ; on en retira les cercueils ; les ossements furent enfouis, au nom de la loi, dans le cimetière de la commune, et le plomb des cercueils fut envoyé au district de Bernay pour en fabriquer des balles de fusil.

Le château seigneurial de Fontaine avait péri dans un incendie vers l'an 1753.

Succession du domaine de Fontaine

Le domaine de Fontaine fut acquis par messire *Jean-Baptiste* de Boschenry, chevalier, seigneur baron de Drucourt, qui devint non marquis, mais seigneur de Fontaine. Il était parent lignager du marquis, descendant de la même souche *Louis* Lecomte de Nonant, gendre de Jean Ferey, par *Renée* Lecomte, fille de *Louis*, sœur de *François*, épouse de Messire Etienne de la Rocque. Il était petit-fils de *Jean* de Boschenry et de *Marie* de la Rocque qui fut marraine de la cloche en 1675. — *Jean* de Boschenry et *Marie* de la Rocque eurent un fils nommé *Louis*, lequel fut le père de ce *Jean-Baptiste*.

Ce sont les armoiries de la famille de Boschenry qui existent au-dessus de la porte d'entrée de l'église de Fontaine, sur les contreforts, et sur les parois des murailles à l'intérieur.

1er fils de *Jean-Baptiste* de Boschenry, Messire *Louis-Hugues* de Boschenry, qui était lieutenant de dragons du régiment de Damas au 2 janvier 1774.

2e fils, *François* de Boschenry, né le 17 février 1757, qui paraît être le dernier rejeton de la famille de Boschenry.

Le domaine où était situé le manoir des anciens marquis de Fontaine a conservé le nom de Bretoncelles. Par acte d'acquisition en date du 29 octobre 1814, il est devenu la propriété de MM. Alexandre et Robert Benard frères; puis, par succession, de M. Alexandre Benard, fils de Robert; et, actuellement, de M. Jules Benard, petit-fils, élu maire de Fontaine le 20 mai 1888. — L'habitation est une maison bourgeoise bien conditionnée, dans une agréable situation, à peu de distance de l'emplacement de l'ancien château.

§ II

Fief de Guittot

Le fief de Guittot devait être le manoir de la ferme du village des Forgettes avec le domaine qui en dépendait.

Dans un inventaire des vieux titres de l'église de Fontaine portant le millésime de 1570, en grande partie illisible, il apparaît que la maison de Flambart était déjà, vers le milieu du quinzième siècle, titulaire de la seigneurie de Guittot à Fontaine-la-Louvet.

La terre de Flambart, d'où vient le nom de cette famille, existe près de Villers-en-Ouche, anciennement du diocèse de Lisieux, dans le doyenné de Montreuil-l'Argillé, actuellement du diocèse de Séez, canton de la Ferté-Fresnel, arrondissement d'Argentan (Orne).

Depuis, dans l'acte de fondation du 18 mai 1578, inscrit ci-devant, figure *Nicolas* de Flambart, sieur de Villers, de Viette et de Folleville, trésorier consulaire en la paroisse de Fontaine-la-Louvet. — Doit être le père des deux suivants :

1er, *Jean* de Flambart, sieur de Guittot, mentionné dans la fondation du 17 janvier 1610, où figure aussi *Jacques* de Bellemare, sieur de Duranville.

2', Noble Damoyselle *Jeanne* de Flambart, femme du sieur de Bellemare, marraine à un baptême du 27 février 1607. Et, dans le contrat d'échange du 18 octobre 1624, est nommée « noble Damoiselle *Jeanne* de Flambart espouze de *Jacques* de Bellemare, escuier sieur de Duranville. »

Fils de *Jean* de Flambart :

Laurent de Flambart, écuyer, sieur de Guittot, époux de Noble Dame *Geneviève* de Villecot.

Enfants de *Laurent* de Flambart et de *Geneviève* de Villecot :

1er. « Le 27 août 1662, baptême de *Jacques-Louis* de Flambart, fils de *Laurent* de Flambart, escuyer, sieur de Guittot, et de damoiselle *Geneviève* de Villecot. Parrain haut et puissant seigneur Messire *Jacques-Louis* Lecomte de Nonant, chevalier seigneur et marquis de Bretoncelles. Marraine damoiselle *Marguerite* de Villecot, femme d'Alexandre destar escuyer sieur de la Conière. »

2ᵉ. Le 26 janvier 1664, baptisée damoiselle *Louyse* de Flambart, fille de *Laurent* de Flambart et de damoiselle *Geneviève* de Villecot. Parrain *Gabriel* de Bellemare, chevalier seigneur de Duranville. Marraine haute et puissante Dame *Louyse* d'Angennes, épouse de haut et puissant seigneur Messire *François* Lecomte de Nonant, seigneur et marquis de Fontaine.

3ᵉ. Le 2 mai 1666, baptisée damoiselle *Gabrielle* de Flambart, fille de Laurent, etc.,... Parrain Messire *François* Lecomte de Nonant, chevalier seigneur de Fontaine. Marraine *Gabrielle* du Merle, veuve de feu *Laurent* de Bellemare, escuyer sieur de Duranville.

4ᵉ. *Anne* de Flambart. — (Je n'ai pas aperçu son baptême).

5ᵉ. Le 9 janvier 1674, baptême de *Marguerite* de Flambart, fille de Laurent de Flambart, etc.....

Le 6 août 1686, décès de *Laurent* de Flambart, écuyer sieur de Guittot, inhumé le lendemain en l'église de Fontaine. — Présents *Alexis* de Bellemare, sieur de Duranville, et autres.....

« Le 30 août 1688, en l'église de Fontaine, mariage de *Louis* de Flambart, escuier, sieur de la Chapelle, fils de *François* de Flambart, escuier, et de Mᵐᵉ Foy de Joffre de Janieres, ses père et mère de la paroisse de Villers, vicomté de Conches (Villers-en-Ouche), après les bans publiés par Maistre François Miard, curé dudit Villers ; — et damoiselle *Gabrielle* de Flambart, fille de deffunt *Laurent* de Flambart, sieur de Guittot, et de *Genneviesve* de Villecot. — Témoins Paul Levellain, escuier sieur de Lonbuisson, Louis de Villecot, escuier, sieur de Favril. »

Père et mère des suivants :

« Le 18 décembre 1689, *Marie-Anne* de Flambart, fille de *Louis* de Flambart, écuyer seigneur de la Chapelle, garde du corps et de damoiselle *Gabrielle* de Flambart, née le 16, baptisée par nous Nicolas Foucques, curé de Fontaine-la-Louvet. — Parrain Messire *Félix* Lecomte de Nonant, chevalier seigneur et marquis de Fontaine, Huest, Brucourt et autres titres et seigneuries. — Marraine Madame *Marie-Anne* de Riant, épouse de Messire *Jacques* Lecomte de Nonant, chevalier seigneur de Saussay, capitaine aux gardes françaises et commandeur des commanderies de Lannoy et de Rüe.

Signé :

FÉLIX LECOMTE DE NONANT DE FONTAINE.
MARIE-ANNE DE RIANT. »

« Le 16 mai 1693, naquirent *Jean* de Flambart et *Laurent-Alexis*, deux frères jumeaux, fils de *Louis* de Flambart, écuyer, sieur de la Chapelle, et de *Gabrielle* de Flambart, et furent baptisés le 18. — *Jean*, le 1er né, eut pour parrain *Jean* Chrestien, écuyer, sieur de St Vincent-du-Boulay, et pour marraine Damoiselle *Marguerite* de Flambart (sa tante maternelle). — Le second eut pour parrain Messire *Alexis-Léonor* de Bellemare, abbé commendataire de Saint-Sauveur de Listeille ; pour marraine damoiselle *Anne* de Flambart, fille de *Laurent*, vivant sieur de Guittot (aussi sa tante maternelle).

Signé : LABÉ DE BELLEMARE. »

En 1764, le 21 août, ces deux frères jumeaux de Flambart firent rectifier, par un acte public, le prénom de leur père qui avait été écrit dans l'acte de baptême *François* au lieu de *Louis*. — Jean est qualifié seigneur de la Chapelle, — et *Laurent-Alexis* sieur de Villers, où était né *Louis* leur père. — (Ils étaient alors dans leur 72e année ; — 76 ans après le mariage de leurs père et mère).

Le petit château actuel de Villers, situé au village des Forgettes, en cette paroisse de Fontaine-la-Louvet, a été bâti vers l'année mil huit cent quinze.

Dans l'adjudication des places de bancs qui fut faite en l'église de Fontaine le trente-un août mil huit cent vingt-trois, une place, la 1re après le banc des marguilliers dans la chapelle dite de Saint-Jean, fut adjugée à messire Jean-Louis Lemyre de Villers, sieur de Villers, qui avait sa demeure ordinaire à Lisieux.

Le propriétaire actuel, au commencement de mil huit cent quatre-vingt-neuf est Mr Charles Douillet, qui en a fait l'acquisition depuis peu d'années.

§ III

Fief de Villards

A la date du 26 mars 1527, le fief de Villards était possédé par *François* de Malortie ; — ce qui est attesté par « Ung adveu de la terre et fief de Villars baillé par Françoys de Malortye escuier propriétaire dicelluy à Jehan de Heudreville escuyer seigneur dudict fief de Fontaines le vingtsixiesme jour de mars après Pasques mil cinq cent vingt sept signé Baudoyn. »

(Jean d'Heudreville fut pendant quelque temps seigneur de Fontaine par sa femme qui était descendante et héritière de la famille Louvet).

Plus tard, le 3 janvier 1672, *Jacques de Malortie* escuier sieur de Villars glatigny, fait rendre par le trésor de l'église de Fontaine aveu au fief de Villars de deux pièces de terre de la donation des seigneurs de Fontaine.

Dans un acte de la fin de mai 1674, qui est une déclaration des fiefs de Fontaine, le fief de Villars est mentionné comme dépendant du fief de Fontaine. — Le nom du propriétaire est écrit *Malortye*.

La première apparition que j'ai vue de la famille Durosey date du 3 août 1687. A un baptême de ce jour, fait par Messire Nicolas Foucques, curé de Fontaine, fut parrain Messire

Alexis Durosey, officier de la maison de Monseigneur le duc d'Orléans. C'est le père d'Alexis Gabriel mentionné ci-après. — (En 1715, 1725 et suiv., on voit Jean Durosey, probablement d'une autre famille, signant J. Durosey). — Ce ne fut que plus tard que la famille Durosey acquit le domaine de Villards. — Aux Malortie succéda, par acquisition, un Mr Lailler, probablement vers 1730.

Dans un contrat de fieffe de bancs de l'église de Fontaine en l'année 1753, deux bans fieffés à Messire *Alexis-Gabriel* Durosey, conseiller du Roy, Maître honoraire en sa Cour des comptes, aydes et finances de Normandie, demeurant en sa terre du Rosey, paroisse de Drucourt ; — l'un, le premier du côté de l'évangile ; — l'autre, le onzième du même côté, dont jouissait auparavant défunt Monsieur Lailler, seigneur de Villards.

C'est à dater de cette époque que la famille Durosey de Villards a possédé la terre de Villards.

Messire *Alexis-Gabriel* Durosey eut un fils, *Gabriel-Alexis-Jacques* Durosey, qui épousa noble Demoiselle Madeleine-Victoire de Beauval.

Le 15 octobre 1756, — Baptême de *Victoire-Eléonore* Durosey, fille de *Gabriel-Alexis-Jacques* Durosey, écuyer, seigneur de Villards, et de noble Dame Madeleine-Victoire de Beauval. — Marraine Marie-Eléonore-Hallé Durosey (grand-mère), de cette paroisse, épouse de Messire *Alexis-Gabriel* Durosey, conseiller du Roi, maître honoraire en la Cour des comptes, aydes et finances de Normandie, seigneur de Villards.

Signature de la marraine : « HALLÉ-DUROSEY. »

Il y eut trois autres enfants : — Une fille, *Marie-Madeleine* ; deux fils, *Gabriel-Alexis*, — *Gabriel-Louis*.

Le 27 juillet 1762, — Inhumation de Messire *Gabriel-Alexis* Durosey, écuyer, conseiller, etc. ., âgé de 65 ans. — Inhumé sous son banc, le premier devant l'autel actuel de St Léger, le long du passage de la nef, par Maître François Leproux, curé de Piencourt, en présence de Messire *Gabriel-*

Alexis-Jacques Durosey, écuyer, seigneur de Villards, son fils.

Le 8 février 1766, — Inhumation de Messire *Gabriel-Alexis-Jacques* Durosey, écuyer, seigneur de Villards, âgé de 35 ans, sous son banc, proche le pilier.

Le 1er décembre 1784, à un mariage célébré en l'église de Fontaine, plusieurs témoins de la famille de Villards ont signé en cette forme : — De Villards (fils aîné). — Durozey (second fils). — Durosey de Villards (demoiselle). — De Beauval De Villards (mère).

Le 5 mai 1789, — Mariage de Messire *Jacques-Marcel* de Parfourru, chevalier de saint Louis, demeurant à Jouveaux, et de *Louise-Victoire-Eléonore* Durosey de Villards, fille majeure de feu Messire *Gabriel-Alexis-Jacques* Durosey, seigneur de Villards, et de noble dame Dame *Madeleine-Victoire* de Beauval, de la paroisse de Fontaine.

Signé : PARFOURRU, seigneur et patron de Jouveaux.

Ce mariage ne paraît pas avoir laissé de postérité.

L'autre demoiselle de Villards, *Marie-Madeleine,* plus jeune que sa sœur *Victoire-Eléonore,* — fut aussi épouse d'un Mr de Parfourru, *Jean-René,* jeune frère de *Marcel.*

De ce mariage naquirent deux filles. — L'aînée, *Madeleine-Lucinde* de Parfourru, devint épouse d'un Mr Le Poytevin, et mère de deux Messieurs Le Poytevin. L'aîné demeurant dans le département du Calvados, est récemment défunt. — Le second est venu depuis peu d'années fixer sa demeure à Jouveaux, chez sa tante Madame de Bonnechose.

La seconde demoiselle de Parfourru devint Madame de Bonnechose, présentement encore existante dans le domaine paternel, le château de Jouveaux. Elle n'a pas de postérité.

Ces deux sœurs naquirent en Allemagne pendant l'émigration : l'aînée Lucinde en 1794, à Hambourg ; la seconde (Mme de Bonnechose), le 17 mai 1800, à Altona, ville à peu de distance de Hambourg, sur la rive de l'Elbe.

Le 16 décembre 1812, fut inhumée dans le cimetière de

Fontaine Madame *Madeleine-Victoire* de Beauval, veuve de
Mr *Gabriel-Alexis-Jacques* Durosey de Villards (grand'mère
de Mme de Bonnechose), décédée le 14 au château. de Jouveaux. Inhumée par MM. Jardin, curé de Bailleul-la-Vallée,
et Letellier, curé de Fontaine.

Les deux fils de Messire *Gabriel-Alexis-Jacques* Durosey
de Villards et de Dame *Madeleine-Victoire* de Beauval restèrent célibataires. — L'aîné, *Gabriel-Alexis*, décéda à Fumichon, vers 1820, âgé d'environ cinquante-huit ans. Il demeurait à la Poterie-Mathieu. Dans un voyage à Lisieux, en temps
de neige, il fut frappé d'apoplexie à Fumichon, où il mourut.

Le second, *Gabriel-Louis,* né le 25 août 1764, resta demeurant au domaine de Villards. Il fut maire de Fontaine dès le
commencement de la restauration, en 1814 ou 1815, jusque
dans le cours de 1832. Il signait son nom par un z : Durozey
de Villards. Il se retira à Lisieux, vers la fin de 1846 ou dans le
commencement de 1847, où il mourut le 23 juin 1851, âgé de
quatre-vingt-six ans dix mois. Il portait le titre de chevalier
de Villards.

§ IV

QUELQUES AUTRES FAMILLES SPÉCIALEMENT REMARQUABLES

I. — Famille Haudard

1599. Le 27 octobre fut baptisé Jérôme Haudard.

1610. Le 17 janvier, Pierre Haudard, trésorier de l'église de
Fontaine-la-Louvet.

1623. Le 1er août, mariage de Jacques Haudard et Marie
Pillon « par devant moi Alexandre Delamare,
» p^{tre} curé de Fontaine-la-Louvet. » (C'est le
1er acte par Messire Delamare).

1640. Le 7 juin, Jacques Haudard, trésorier de l'église de Fontaine, fils de Nicolas Haudard, tabellion à Thiberville.

1664. Le 11 avril, Jacques Haudard, m^tre chirurgien, faisant son testament, à son lit de mort. (Voir ci-devant.) Michel Haudard, notaire, et Yves Haudard. (Tous trois frères.)

1710 et 1725, figurent deux Michel Haudard, l'un, avocat, décéda le 16 septembre 1729 (fils) ; l'autre, notaire, décéda le 20 décembre 1729 (père).
Maitre Jacques Haudard, greffier.
Jean-Baptiste Haudard De la Chesnaye. — Décéda le 19 février 1763.

1710. Le 25 août naquit et fut baptisé Louis-Jacques Haudard, fils de maître Michel Haudard, avocat, et de Marguerite Passey. Parrain m^e Jac. Haudard, greffier ; marraine Marguerite Bouteiller.

1714. Naissance de Louis Haudard, fils de Jean-Baptiste Haudard De la Chesnaye et de Catherine Leroy.

1740. Le 23 août, inhumation de Marie Haudard veuve Duroscy. Famille probablement différente de la famille Durosey de Villards. Signé : J. Duroscy (fils).

1755. Le 17 juillet, fut inhumée Catherine Leroy, épouse de Jean-Baptiste Haudard De la Chesnaye.

1758, le 10 janvier. Mariage de M^tre Louis Haudard De la Chesnaye, avocat au parlement de Rouen, substitut de M^r le Procureur général en la vicomté de Folleville, fils de J. B^te Haudard De la Chesnaye et de Catherine Leroy ; — et Marie-Anne Leliquerre, fille de.... Leliquerre et de Marie-Anne Lesueur.

1763. Le 20 février, fut inhumé Jean-Baptiste Haudard De la Chesnaye, au pied de l'autel de Ste Geneviève, du côté de l'évangile (actuellement autel de la chapelle de la Ste Vierge), âgé de 76 ans, en présence de son fils m^tre Louis Haudard, avocat, par M^tre L^is F^ois Levillain, curé de Fontenelles. Décédé en la paroisse de Fontenelles, et transféré en l'église de Fontaine.

1777. Le 20 octobre, M^tre Louis Haudard De la Chesnaye, avocat au parlement de Rouen, etc..., âgé de 63 ans, fut inhumé par Mr Leproux, curé de Piencourt.

Signé : Jean FLEURY. LEPROUX, C. de Piencourt.
TAILLET, p^tre vic. de Font.

Son portrait est dans la sacristie de Fontaine, peint en 1738.

II. — Famille Lesueur

1697. Le 27 novembre, Mariage de Louis Lesueur (fils de Pierre Lesueur)..... huissier royal héréditaire, procureur au bailliage et vicomté d'Orbec, et syndic perpétuel de la paroisse de Fontaine ; — et Marie-Anne Dumontier.

Père et mère de :

1. Marie-Anne Lesueur, qui devint épouse de..... Leliquerre.

2. Marie-Madeleine Lesueur, qui devint épouse de Noël Signol le 11 février 1727. Ils eurent pour fils Noël-Pierre Signol, qui fut le père de Mr Signol, curé de St Gervais d'Asnières, lequel naquit à St Jean d'Asnières en 1765, et mourut curé de St Gervais le 20 novembre 1856, âgé de 91 ans 6 mois.

3. Marguerite-Thérèse Lesueur, qui devint Religieuse de la Providence de Lisieux.

4. Louis Lesueur, qui devint avocat.

5. Louise Lesueur.

6. Robert-Gilles Lesueur, qui devint curé de Fontaine. — « Le 22 juillet 1710, — Robert Gilles
» Lesueur, fils de Maître Lesueur, procureur au
» bailliage et vicomté d'Orbec, et de Marie-Anne
» Dumontier, ses père et mère, naquit le 22 juillet,
» et fut baptisé le 24 par nous curé de Fontaine
» soussigné. Son parrain Gilles Lesueur, sa mar-
» raine Marguerite Leprevost. »

Signé : Gilles LESUEUR.

Me PREVOST.   LEVAVASSEUR.

1734. Le 24 septembre, — inhumation de Louis Lesueur, avocat, âgé de 30 ans.

1738. Le 4 mars, inhumation de Louise, âgée de 30 ans, fille de m^{tre} Louis Lesueur, procureur au bailliage d'Orbec, en présence de Mre Jean Fourel, curé de Fontenelles, doyen de Moyaux.

1748. Le 17 février, inhumation de Marie-Anne Dumontier, épouse de m^{tre} Louis Lesueur, âgée de 75 ans ; inhumée dans l'église par M. le curé de S. Roch de Canteloup.

1752. Le 9 octobre, inhumation de M^{tre} Louis Lesueur, ancien procureur au bailliage et vicomté d'Orbec et syndic de la paroisse de Fontaine, âgé d'environ 85 ans ; inhumé dans l'église (sous son banc`, par M^r le curé de Bailleul).

Signé : J. J. PIQUET, p^{tre} vic.   HAUDARD.

LESUEUR C. D. F.

1767. Le 17 mai, inhumation de Dame Marguerite-Thérèse
Lesueur, sœur professe de la communauté des
Dames de la Providence de Lisieux, âgée de soi-
xante-trois ans ; inhumée sous les deux premiers
bancs, du côté de l'épître, proche la muraille, au
bout de l'autel de S Santin. — (C'est le lieu du
caveau de la famille).

1774. Le 18 décembre. — Fieffe de bancs....., dont l'un, la
3ᵉ place du côté de l'épître, à Dᵉˡˡᵉ Louise-Anne
Signol (nièce de feu Mʳ Lesueur, curé), tant pour elle
que pour son frère Pierre-Noël Signol. (Père de
Mʳ Signol qui fut curé de S. Gervais).

1787. Le 29 mai, mariage de Jean-Baptiste Fleury, fils de
Jean Fleury et d'Anne Duhamel ; — et Marie-
Anne-Marguerite-Cécile Haudard de la Chesnaye,
fille majeure de feu mᵗʳᵉ Louis Haudard de la Ches-
naye, avocat en parlement, et de dame Marie-
Anne Leliquerre. (Laquelle Dame était nièce de
Mʳ Lesueur curé, par sa mère Marie-Anne Lesueur.)

Ce mariage est celui des père et mère de Mʳ Constant
Fleury, décédé en sa propriété au village de la
Haudardière, dans sa 85ᵉ année, le 10 mars 1879.
— Mʳ Constant Fleury était donc petit-fils de Mʳ
Louis Haudard de la Chesnaye et arrière petit-neveu
de Mʳ Lesueur, curé.

Deux frères de Jean-Baptiste Fleury, fils de Jean
Fleury furent prêtres : — L'aîné, Guillaume Fleury,
né en 1755, fut vicaire de Cormeilles. La terreur
révolutionnaire lui ayant troublé l'esprit, il resta
dans sa famille en la maison où il était né, sur Thiberville, à la limite de Fontaine, près la route de
Caen, du côté de L'hôtellerie, et il y mourut le 23
septembre 1827, âgé de 72 ans. — L'autre, Vincent-
François, né en 1763, était vicaire de Fontenelles en
1789. Il émigra en Angleterre, et devint curé de

Piencourt après la Révolution, et y mourut le 17 février 1835, âgé de 72 ans.

1790. Le 9 novembre, mariage de Pierre Leliquerre, originaire de St Martin-de-Mailloc, et de Marie-Madeleine Haudard, fille majeure de feu M^{tre} Louis Haudard de la Chesnaye et de Dame Marie-Anne Leliquerre. Parents au 2e degré. — On les appelait habituellement M^r et Mme Desprez ; demeurant au village de la Haudardière.

1790. Le 24 septembre, mariage de Maître Jean-François Delangle, avocat en parlement, et de Marie-Madeleine Bullet des Londes, célébré par Mr Jean-Louis Mottey, prêtre de S. Jacques de Lisieux.

C'est le mariage des père et mère de Mr Jean-Louis Delangle, propriétaire de la principale ferme du village de la Haudardière où il mourut le 1er juin 1864, dans sa 72e année, et delà fut transféré à Bernay, où était sa demeure.

III

Notice sur Monsieur Jean-Baptiste Letellier, prêtre, né en 1747, à Fontaine, dont il devint curé le 1er juin 1802

Ses père et mère : Robert Letellier et Marie Lailler.

Ses frères : Pierre-Nicolas Letellier, et Louis-François-Adrien Letellier.

Ses sœurs : Marie-Marguerite, et Catherine - Elisabeth Letellier.

Fonctions de son sacerdoce avant la Révolution

1774. Au 22 novembre, il était vicaire de Moyaux. — Le 22 novembre 1774, mariage, en l'église de Fontaine, de Louis Lailler et Marie-Marguerite Letellier, bénit par maître Jean-Baptiste Letellier, vicaire de Moyaux.

1779, le 12 janvier. Noté ici par occasion. Baptême de Jean-Nicolas Leroy par M. Louis Joüen de Bornainville, curé de Mont-Vielte et du Favril ; parrain Jacques-Nicolas-Pierre-Arnoult Leclerc ; marraine Catherine Lailler.

1786, au 26 janvier, il était vicaire du Favril. — Le 26 janvier 1786, mariage de Jacques-Nicolas-Pierre-Arnoult Leclerc, et de Catherine-Elisabeth Letellier, bénit par Jean-Baptiste Letellier, vicaire du Favril.

1787, au 27 novembre, vicaire de Serquigny. Mariage de Louis-François-Adrien Letellier, fils de feu Robert et de Marie Lailler ; et de Marguerite-Françoise-Aimée Halbout, fille de feu Jean et de Louise Lefrançois, — célébré par maître J. B^e Letellier, vicaire de Serquigny.

1790, le 11 janvier : Baptême de Marguerite-Aimée Leclerc, par J. B^{te} Letellier, vicaire de Serquigny, et parrain.

1790, le 17 février : Inhumation de Marie Lailler, veuve de Robert Letellier, en présence de ses enfants, dont l'un J. B^{te} Letellier, vicaire de Serquigny.

Il émigra en Angleterre pendant la Révolution ; et, à son retour, il fut curé de Fontaine le 1er juin 1802.

Etait aussi originaire de Fontaine, M. l'abbé Aubrée, né en 1785. — Il fut d'abord curé d'Epréville près du Neubourg, quelques années ; puis curé de Saint-Germain-la-Campagne où il décéda le 12 mars 1862, dans sa 77e année.

Naquit en 1795, dans la ferme attenant à l'église de Fontenelles, François-Guillaume Viquesnel, qui devint prêtre, et mourut curé d'Ezy le dix-sept septembre mil huit cent cinquante-deux, âgé de 57 ans. Il était l'aîné d'une famille de onze enfants, que leur mère vit tous vivants jusqu'à sa mort arrivée, à l'âge de 82 ans, le quatre juillet 1851. — Quatre sont encore existants au 1er février 1886.

CHAPITRE IV

HISTORIQUE DE LA CURE ET DU CLERGÉ PAROISSIAL

§ Ier

. Curés de Fontaine

1578, au 18 mai était curé de Fontaine-la-Louvet Maistre Pierre Lailler.

1610, 17 janvier, Messire Robert-Guillaume Bullet. (Défunt le 20 novembre 1615.)

1615, 25 novembre. Noble et discrette personne messire Philippe Lecomte. — « Registre des mariages faits » du temps de noble homme messire Philippe » Leconte ptre et sieur de huest et curé de Fontaine- » la-Louvet. »

« Registre des morts du temps de noble homme mes- » sire Philippe Leconte sieur de huest et recteur » diligent de Fontaine. » (Défunt en juillet 1623.)

1623, 1er août. Messire Alexandre Delamare. Il fit son testament le 7 juin 1640, par-devant Thoumin et Haudard tabellions à Thiberville. (Défunt vers le 15 juin 1640.)

1640, 1er juillet. Messire Nicolas Basley, docteur en théologie et promoteur en l'officialité de Lisieux. (Défunt le 2 juin 1656.)

« Le jour second de juin en l'année 1656, en la mai-
» son des prêtres du séminaire ou collége de Lisieux
» décéda messire Nicolas Basley, p^{tre}, de la ville et
» faubourg de Bayeux, paroisse de S. Vigor, maison
» de la fosse borel, et curé de Fontaine-la-Louvet,
» docteur promoteur de l'Evesché de Lisieux, et
» prébendé en l'église de S. Pierre cathédrale dudit
» lieu de Lisieux de la prébende de Touques, et
» ledit jour apporté en l'église de Fontaine, et len-
» demain matin levé de ladicte église et transporté
» au presbytère dudit lieu à la diligence de Messire
» cristoff (Christophe) Basley p^{tre}, Jacques Basley
» ses frères, et d'un chirurgien de Bernay, lequel
» en fit ouverture pour lui tirer le cœur lequel il
» emporta aux Religieuses de la congrégation de
» Bernay, autrement dictes de la conté, et là son
» dict cœur fut inhumé, et son corps en nostre
» dicte Eglise de Fontaine dans le chœur de la d^e
» Eglise entre le lutrin où les p^{tres} chantent et le
» premier gradin de l'autel dudit chœur, le samedi
» troisième jour dudit mois et an, veille de la Pen-
» tecôte, n'ayant été que quatre jours malade d'une
» fiebvre continue avec une inflammation du poul-
» mon comme il apparut par l'ouverture qui en fut
» faite. »

1658, 1er janvier. Messire Nicolas Foucques, curé de Fontaine-la-Louvet, occupe le premier rang parmi les
premiers et principaux bienfaiteurs-fondateurs de
l'hospice de Bernay par des donations considérables
qu'il fit en l'an 1675 et en l'an 1679.

« En 1675, messire Nicolas Foucques, prêtre, curé de
Fontaine-la-Louvet, fait donation de 50 livres, et
d'une demi acre de terre, sise dans les champs de

la Couture, pour la fondation d'un lit, auquel serait donné le nom de lit de St Nicolas.

» En 1679, messire Nicolas Foucques, curé de Fontaine-la-Louvet, donne une maison, sise à Bernay, rue de Geôle (aujourd'hui rue Etroite), avec tous les meubles qui s'y trouveront au jour de son décès.

» D'après un état dressé en 1690, par Jean Crestient, l'administrateur avait aux mains 1,000 livres provenant du mobilier légué à l'Hôtel-Dieu par M. le curé de Fontaine-la-Louvet ; enfin, il était dû 2,000 livres léguées par le même bienfaiteur sur ses autres meubles, 1,800 livres sur ses biens situés en la paroisse de Rostes, et 2,000 livres pour arrérages de rentes.

» Ce fut dans la maison donnée en 1679 par Mr Nicolas Foucques, curé de Fontaine-la-Louvet, que Madame de Ticheville résolut d'établir provisoirement les pauvres. Et le 16 juin 1697, Mgr de Matignon, évêque de Lisieux, procéda à la réception des pauvres dans cet établissement.

» Cette maison fut vendue, en vertu du consentement de Mr Nicolas Foucques, curé de Fontaine-la-Louvet, le 5 novembre 1700, jour de l'acquisition faite par les soins de Mme de Ticheville de l'emplacement actuel de l'hospice, et elle continua d'être l'asile des pauvres jusqu'au 30 novembre 1706, jour de la prise de possession de l'hospice actuel. »

(Voir la notice sur l'hospice de Bernay, publiée par M. Malbranche et imprimée en 1861, — pages 11, 12, 13, 23, 51, 52).

« Le 18 septembre 1683, Jacques Dumoultier, baptisé
» par nous Nicolas Foucques p[tre] bachelier en théo-
» logie de la faculté d'Angers, chappelain de S.
» Joseph de l'église cathédrale de N. D. de Paris et
» curé de la paroisse de Fontaine-la-Louvet. —

> » Parrain Messire Jacques Dumouttier (vicaire de
> » la paroisse de Fontaine, probablement oncle du
> » baptisé).

> » Maistre Nicolas Foucques, p^{tre} bachelier en théolo-
> » gie, bénéficier en l'église de Nostre-Dame de
> » Paris, curé de Fontaine-la-Louvet, décéda à
> » Paris le 19 avril 1695, et fut son corps inhumé
> » le lendemain dans ladite église, et à son convoi
> » assistèrent Messieurs de Nostre-Dame. — Il fut
> » curé de Fontaine pendant plus de 37 ans.

1695. Dans le cours de l'année 1695, Maistre Jean-Pierre Degemont. (Défunt le 21 juin 1703.)

1703. Dans le cours de l'année 1703, ou au 1er janvier 1704, Me Pierre Levavasseur. — Curé pendant 43 ans. (Défunt le 1er décembre 1746.)

> « Le 2 décembre 1746, Mre Pierre Levavasseur, curé
> » de Fontaine, âgé de 70 ans, fut inhumé dans
> » l'église par Mre J. J. Fourel, curé de Fontenel-
> » les, doyen de Moyaux, soussigné, et Levavasseur
> » vicaire. »

1748. Juillet. — Curé Mre Robert-Gilles Lesueur, né à Fontaine le 22 juillet 1710, baptisé le 24 par Mre Levavasseur, curé.

> « Le 9 octobre 1735, Baptême fait en l'église de Fon-
> » tenelles par Me Robert-Gilles Lesueur, bachelier
> » en Sorbonne, — de la paroisse de Fontaine-la-
> » Louvet. »

De cette époque il n'apparaît pas quel fut son emploi jusqu'au moment où il devint curé de Fontaine.

Au 19 juillet et au 20 septembre 1748, il apparaît comme curé de Fontaine, et licencié en théologie de la faculté de Paris.

Signé : « Lesueur C. D. fontaines. »

Au 22 octobre 1749, il apparaît comme chanoine en
l'église cathédrale de Lisieux.

Dans un bon nombre d'actes écrits de la main des
vicaires ou de quelque notable de la paroisse,
Mr Lesueur est qualifié, à titre honorifique, Docteur
en la sacrée faculté de Paris ; mais dans les actes
écrits par lui-même, il est jusqu'à la fin qualifié
licencié en Sorbonne.

1773. « Le 1er avril, Maître Robert-Gilles Lesueur, licencié
» de Sorbonne et curé de cette paroisse (défunt fin
» de mars 1773), mort la nuit précédente environ
» une heure après minuit, âgé de 62 ans huit mois,
» fut inhumé dans le chœur par Monsieur le Doyen
» et curé de Moyaux ; en présence de maître Louis
» Haudard de la Chesnaye, avocat, et du sieur Noël-
» Pierre Signol de la paroisse du Pin. » (Noël P.
Signol neveu de Mr Lesueur curé, par sa mère. —
Maître Louis Haudard neveu par sa femme).

Signé : HAUDARD avocat.
Pierre SIGNOL.
TAILLET, vic. de Fontaine.
LESPRON, C. de Moyaux.

Son portrait est dans la sacristie de Fontaine, peint
en 1738.

Noël-Pierre Signol et Louis Haudard de la Chesnaye
étaient neveux et héritiers de Mr Lesueur curé de
Fontaine. — Noël Signol était fils d'une sœur aînée
de Mr Lesueur, Marie-Madeleine, et il fut père de
Mr Signol curé de St Gervais d'Asnières mort le 20
novembre 1856, âgé d'environ quatre-vingt-onze
ans et demi.

Louis Haudard de la Chesnaye avait épousé une nièce
de M. Lesueur, Marie-Anne Leliquerre, fille de
Marie-Anne Lesueur.

1773. Vers le 1er Juillet. Curé de Fontaine, Me Michel

Chéron, jusqu'à sa mort, 19 janvier 1788. — « Le
» 20 janvier 1788, Maître Michel Chéron, curé de
» Fontaine, décédé le 19, âgé d'environ 65 ans, fut
» inhumé par Monsieur Lefranc, curé de Folleville,
» doyen de Bernay, en présence et de la réquisi-
» tion de Mr Blondel, curé de Bournainville, doyen
» de Moyaux, présence des soussignés.

> Signé : BLONDEL, c. de Bourn. ; HOUSSAYE,
> c. de Malouye ; C. LEFRANC, c. de
> Foll. ; DE LA FOSSE BELLECOUR,
> c. de Fontenelle ; TAILLET, vic. de
> Fontaine,

(Lequel par la suite signe dess^t de Fontaine jusqu'à
la fin de l'année 1788).

Depuis la mort de Mr Chéron, Mr Louis-Antoine
Taillet, vicaire, remplit les fonctions de *Prêtre
desservant* jusqu'au 1er janvier 1789.

1789. Au 1er janvier, M^{tre} François Leproux, précédemment
curé de Piencourt, vient succéder à Mr Chéron,
jusqu'au 1er juin 1791.

Ne voulant point prêter serment à la Constitution
civile du Clergé, il se retira, et ne mourut point à
Fontaine.

1791, 19 mai. — Mariage de Charles-Robert Cassé et de
Marie-Marguerite Lefrançois. (Le dernier acte de
M. Leproux.)

1791. Le 1er juin, arriva comme Curé constitutionnel, Jacques
Peulvey, jusqu'au 15 novembre 1792.

1791. Le 12 juin, Inhumation de Louis Lucas, enfant de 6
ans.

> Signé : PEULVEY, curé de F. (C'est son
> 1er acte.)

1792. Le 26 juin. Mariage de François Godin et de Marie-Anne-Louise Lefrançois, fille majeure de Jean Lefrançois. — Dispense de deux bans accordée, l'une par Monsieur l'évêque de L'Orne, signée : Marquel, vic. eppal ; l'autre par Monsieur l'évêque de l'Eure, signée : Robert Thomas Lindet, évêque de l'Eure.

1792. Le 31 octobre. Inhumation de Pierre Vottier, présence de Jean-Jacques Rogerey, curé de Thiberville, par Peulvey, curé.

— Le 14 novembre. Baptême de Rosalie-Joséphine Vottier. (Dernier acte de l'abbé Peulvey.)

Il y a apparence qu'il se retira à L'hôtellerie, ce qu'indique cet acte du Recueil des baptêmes faits pendant la Révolution : — « Marie-Françoise Dubois, » née le 28 mai 1800, de François et de Renée » Madeleine-Henriette Grieu, a été baptisée cinq à » six jours après à Lhôtellerie par Mr Peulvey p^{tre}.»

Le 1er maire qui apparaît est Pierre Letellier, dans des délibérations du 19 et du 26 décembre 1790 et du 6 janvier 1791. — Le 2e Jean Lefrançois, dans la reddition des comptes du trésorier, du 6 mai, du 1er juillet et du 17 novembre 1792. — Le troisième, Pierre Cornu, devant lequel eut lieu le 1er mariage civil, le 27 novembre 1792 ; et le onze décembre l'acte de naissance de sa fille : — « Acte » de naissance, un enfant du sexe féminin, née » d'hier, baptisée cejourd'hui, née du légitime » mariage de Pierre Cornu et de Marie-Anne Cou-» ronné, a été nommée Marie-Joséphine, en pré-» sence de Marie-Madeleine Couronné et de Marie-» Angélique Couronné, avec nous soussignés. »

P. CORNU.

Cette enfant, née le dix décembre 1792, mourut à l'hospice de Bernay le 4 mars 1888, dans sa 96e année, veuve Tavernier.

Le quatrième maire, Louis Letellier, dans la reddition des comptes du 24 juin 1793.

Clôture du registre de Catholicité :

« Le présent registre a été clos et arrêté par moi Jean
» Lefrançois, maire de la municipalité de Fontaine-
» la-Louvet, assisté du secrétaire greffier de la
» municipalité,

» Ce jourd'hui 17e jour de novembre 1792, l'an
» 1er de la république française. »

Signé : LEFRANÇOIS, maire.
HALBOUT, sc^{re}.

§ II

Vicaires et Chapelains de la paroisse de Fontaine-la-Louvet.

Il paraît bien qu'ils étaient assez généralement de la paroisse
même, vivant de leur titre patrimonial et du revenu des
services et messes de fondation qui existaient.

1578. Au 18 mai. Vicaire, Maistre Jacques Lefebvre. — Prêtres chapelains : Maistre Guillaume Vaudon, qui en
ce jour 18 mai 1578, fit une fondation pour lui-
même et sa famille ; Maistre Pierre Lesieur ; Maistre
Symon Harel.

1606, 26 juillet. — Prestre de Fontaine, Messire *Françoys*
Desbuissons, qui fut parrain à un baptême. Il
figure encore parmi les autres prêtres au 17 janvier 1610.

1610, 17 janvier. — Messire Philippe Leconte, prêtre, sieur
de Huests. — Prêtres chappellains : Maistres L'Oys
Debeaumont ; *Françoys* Desbuissons ; Martin Lyvet.

1615. Maistre Guillaume Corbelin, vicaire.

1618, 14 avril. Maistres Guillaume Corbelin et Martin Lyvet.

1619, 31 janvier. Mariage célébré par Mre Martin Lyvet commis à ce faire par noble et discrète personne messire Philippe Lecomte, curé.

1622, 20 novembre. Mre Guillaume Corbelin, p^{tre} vicaire. — Maistres *Jean* Reffard et Martin Lyvet p^{tres}. *Jean* Beffard figure comme acolyte en 1615, comme sous-diacre au 31 mai 1618.

1630, 13 novembre. Maistres Guillaume Corbelin et Martin Lyvet figurent encore comme prestres de Fontaines.

1640, 9 juillet. Messire Jean Rocher, prestre de ladicte paroisse et F^{ran}. Martel p^{tre}.

1641, 15 janvier. Ledict Maistre Guillaume Corbelin, prestre de Fontaine-la-Louvet, fait une fondation de vingt premières messes basses à diverses festes de l'année.

Il figure comme vicaire depuis 1615 jusqu'en octobre 1641, après un ministère de plus de trente ans apparemment, soit comme chapelain, soit comme vicaire.

— Maistre Jehan Rocher, prestre vicaire (Au 3 juillet 1648, il est thrésorier de la fabrique.)

— Messires Martin Lyvet et Françoys Martel, prestres chappelains, tesmoings de ladicte fondation. — Mre Martin Lyvet figure ici depuis trente ans.

1643, 2 juin et 24 juin. F^{ran}. Martel ; — et *Nicolas* Desbuissons, p^{tre}, lequel décéda le 30 avril 1676, et fut inhumé le 1er mai au bout de l'autel de la s^{te} Vierge.

1644, 15 janvier. Messire *Pierre* Lailler, prestre de la paroisse de Fontaine La Louvet, gisant en son lit malade, fait son testament.

1654. *François* Reffard p^tre vicaire. — Il remplit les fonctions curiales, comme prêtre desservant, depuis la mort de M. Basley, 2 juin 1656, jusqu'au 1er janvier 1658, époque de l'arrivée d'un nouveau curé, Messire Nicolas Foucques. — Plus tard, il signe encore comme prêtre faisant les fonctions curiales le 27 novembre 1676, en l'absence de Mr Foucques, curé.

1655, 18 janvier. Jacques Dumouttier figure comme Diacre. Originaire de Fontaine, il y passa toute sa vie, comme prêtre chapelain et comme vicaire. Il figure dans la plupart des actes de l'époque, dont un grand nombre sont rédigés par lui, comme vicaire.

A la date du 29 septembre 1690, se trouve une opposition à des bans de mariage entre Thaurin Haudard et Marie Lailler. — A la suite de cette opposition faite par Marie Lamperière de la paroisse de Piencourt se trouve une déclaration par Mre Jacques Dumouttier, vicaire de Fontaine, commençant ainsi : — « Unicuique mandatum est de proximo » suo. » « C'est par cet Esprit et par l'obéissance » que je dois à notre Mère saincte Eglise et comme » parent proche de Thaurin Haudard et de Marie » Lailler son affidée, etc... ; qu'ils sont parents en » un degré deffendu, ce que je suis obligé de certi- » fier à Monsieur le curé de Fontaine, dans la » crainte que s'ils passaient au mariage ils soient » dans un état de damnation..... En foi de quoi le » présent a été soussigné par moi Jacques Dumout- » tier p^tr, vicaire dudit Fontaine, le dimanche » huitième jour d'octobre au matin 1690. »

Après avoir signé longtemps son nom par deux *tt*, plus tard il le signe par un seul *t*.

On le voit figurer comme prêtre trésorier ; notamment en séance du 7 juillet 1709 est nommé trésorier Messire Jacques Dumoutier, prêtre vicaire. Et il rend son compte le 31 mai 1710, en présence de Monsieur De Romé de Vernouïllet, grand-archidiacre de Lisieux.

1713. « Le 6 avril 1713 décéda maître Jacques Dumoultier,
» prêtre, au convoi duquel assistèrent, le 7, M^{re}
» Jacques Dumontier, prêtre, et Mre Noël Bulet,
» prêtre.

» LEVAVASSEUR, curé. »

Il pouvait être âgé d'environ 85 ans. — Ce vénérable prêtre était dans la 59e année de l'exercice du saint ministère en la paroisse de Fontaine, son pays natal.

1655, 18 février. Dans un acte de mariage du 18 février 1655,
figure « vénérable et discrète personne Mess^{re} *Jean*
» Lailler, prêtre, de cette paroisse et curé des
» Places. »

1664, 15 mai. — « Jean Halbout, prestre de Fontaine », —
peut-être depuis longtemps déjà. — Il figure plusieurs fois comme trésorier de la fabrique. Il figure encore comme prestre trésorier au 20 février 1684. Il décéda le vingt-six décembre 1711, — ayant été du nombre des prêtres chapelains de Fontaine pendant près de cinquante ans.

1670, 4 mai. Dans un bail à ferme, figurent ensemble : Messire Nic. Foucques, curé ; vicaire, Jacques Dumouttier. — Prestres, Messires : François Reffard, Nicolas Desbuissons, Jean Halbout, déjà mentionnés ci-dessus, Robert Auber ; et François Bataille, sous-diacre.

Robert Auber, originaire de Fontaine, mentionné en divers actes comme p^tre vicaire, et comme trésorier dans un acte du 25 juin 1679, devint, plus tard, pendant quelques années, vicaire de Saint-Aubin-de-Scellon, où il décéda le 12 avril 1687.

1676. Le 30 avril, décéda Mre Nicolas Desbuissons, et fut inhumé le 1er mai au bout de l'autel de la sainte Vierge, après un ministère d'environ trente-cinq ans.

1698 et années suivantes, figurent comme vicaires, conjointement avec les anciens prêtres encore existants : Mr Fouquet, vicaire.

1699 et 1700. Etienne Inger des Cours, vicaire.

1701. Claude-Antoine Hébert, vicaire.

1702, 10 décembre. Me Guillaume Corbelin, p^tre. Probablement petit neveu de l'ancien Guillaume Corbelin, vicaire dès 1615.

« Le 10 juin 1710 décéda Mre Guillaume Corbelin, » p^tre. Inhumé le lendemain par Mre Levavasseur, » curé, avec le concours de M^res Jacques Dumoutier, » Jean Halbout, Thomas Loquin, prêtres, Maître » Noël Bullet, acolyte, et la Charité de Thiberville. »

1710, 11 Juin. — Thomas Loquin. — Il figure encore en avril 1722. Il est douteux s'il était du nombre des prêtres de Fontaine. Il était probablement vicaire de Thiberville.

1713, 6 avril. Mre Jacques Dumontier, prêtre. — Décéda le 15 avril 1714.

» Le 15 avril 1714, décéda Mre Jacques Dumontier,

» prêtre, inhumé le 17, fils de François ; François
» Dumontier son frère assistant à son convoi. »

1713, 6 avril. — Mre Noël Bullet, prêtre, qui figure comme
acolyte au 10 juin 1710.

> o Le 26 août 1714, décéda Mre Noël Bullet. — A son
> » convoi assistèrent René Bullet, son père, et Lucas
> » Bullet, son aïeul. »

1714, Septembre. — François Duvallet, vicaire, jusqu'à la
fin de 1716.

1717, Janvier. — Louis Bullet, vicaire. — Décéda le 1er octobre 1721. Inhumé le trois par Mre Pierre Guermont,
curé des Places.

1722. Thomas Loquin, prêtre, mentionné assistant à l'inhumation de Mre Guillaume Corbelin le 10 juin 1710,
fait un baptême le trois avril 1722.

1722, 12 Juin. — Charles de la Pille, vicaire, jusqu'à la fin
de mars 1725.

1725, Avril. — J.-B. Lesueur, vicaire.

1726, Janvier. — J.-B. Letellier, vicaire.

1726, 1er Septembre. — Richard Gaultier, vicaire.

1727, 1er Août. — F. Lemarchand, vicaire.

1731, 1er Mars. — Plemel, vicaire, originaire de Fumichon.
Il décéda fin d'avril 1735, et fut inhumé le 1er mai.

1735, Juin. — Ch. Duval, vicaire.

1737, 3 Novembre. — Figure Mᵉ Bullet, sous-diacre.

1739, Janvier. — Jacques Levavasseur, vicaire.

> Probablement neveu de Mʳ Levavasseur, curé. Le 5 octobre 1737, il avait fait, à Fontaine, un baptême, étant alors prêtre de la paroisse de Sᵗ Michel de Tordouet. — Depuis la mort de Mʳ Levavasseur, curé, 1ᵉʳ décembre 1746, il remplit les fonctions de prêtre desservant jusqu'en juillet 1748.

1747, 18 Août. — Jacques Vigne, prêtre vicaire. Ne paraît plus en 1748.

1748, 29 Juillet. — Jean-Jacques Piquet, vicaire, jusque dans le cours de l'année 1754.

1754, 29 Janvier. — Jacques Inger, vicaire, jusqu'à la fin de 1757.

1754, 23 Juin. — Fᵒⁱˢ Lelasseur, vicaire conjointement avec Jacq. Inger.

1759, 25 Février. — Guillaume Pierre, vicaire jusqu'au 15 mai 1768.

1768, 18 Mai. — Jacques-Antoine Taillet, succédant immédiatement à Guillaume Pierre. — Depuis la mort de Mʳ Lesueur, curé, 1ᵉʳ avril 1773, il fut prêtre desservant jusqu'à l'arrivée de Mʳ Chéron, vers le 1ᵉʳ juillet. Il continua d'être vicaire ; et après Mʳ Chéron, mort le 19 janvier 1788, il fut encore prêtre desservant, jusqu'à la fin de 1788.

1788, 1ᵉʳ Août. — Joseph-Pierre Lacour, vicaire. Il se retira à la fin de juillet 1791.

> Le 4 juin 1787, il figure comme diacre, assistant à une inhumation en la paroisse de Fontenelles.

CHAPITRE V.

Particularités et faits spécialement remarquables

§ I^r

Paiement de la taille. — Milice

1697, 27 Novembre. A cette date, jour du mariage de Maître Louis Lesueur, il est qualifié syndic perpétuel de la paroisse de Fontaine, ainsi qu'il est dit précédemment, page 43.

A cette époque, et bien plus anciennement, les paroissiens étaient convoqués, au prône de la grand'messe paroissiale, ainsi qu'à la première messe, à se réunir à l'issue de la grand'messe pour délibérer « des affaires de leur commun. »

Ces réunions avaient lieu fréquemment dans le cours de l'année, sous le porche, en présence du curé ou de son vicaire. Le son de la cloche en donnait le signal. Les actes de délibération mentionnaient nominativement les notables présents, souvent en grand nombre. — Il s'agissait de nommer des collecteurs pour percevoir la *taille* des impôts, — d'opérer l'enrôlement et le dérôlement, — de dresser le tableau des jeunes gens qui étaient dans le cas de faire partie de la *milice* pour composer le contingent de l'armée, etc., etc... Le syndic était le chargé d'affaires de la paroisse. — Il avait mandat de notifier aux paroissiens, en ces sortes de circonstances, le Mandement de Monseigneur l'Intendant public de la généralité d'Alençon,

§ II

Visite de la paroisse par le Grand-Archidiacre de Lisieux

Chaque année, le Grand-Archidiacre du Lieuvin faisait la visite de la paroisse. Le trésorier de l'église rendait son compte en sa présence.

1699, 1er Mai. — A dater de la visite du 1er mai 1699, citée ci-devant page 20, figure pendant au moins trente ans Mr Louis-Henry de Romé de Vernouïllet, licencié ès-lois de la faculté de Paris, Grand-Archidiacre de Lisieux.

Dans la visite de l'année 1713, aux titres précédents se trouve adjoint celui de Conseiller du Roy au parlement de Normandie ; et, dans la visite du onze mai 1728, celui de Syndic procureur général du clergé de Normandie.

Dans ce long espace de temps, il est rare que la visite ne soit pas faite par lui personnellement, accompagné de Mr Guillaume Champion, curé de Bournainville, doyen de Moyaux, qui lui-même figure pendant plus de trente ans, — Quelques visites sont faites par lui comme délégué de Mr de Vernouïllet

Dans les visites de 1702, 1704, 1705 et autres visites, figure parmi les signataires Mtre Louis Lesueur, syndic perpétuel de la paroisse.

1700, 26 Avril. — En la visite du 26 avril, Messire *Félix* Lecomte de Nonant, chevalier, seigneur, marquis de Fontaine, Brucourt, Durescu, les Places et autres lieux, rend son compte comme trésorier de la fabrique depuis le 1er juin 1699 jusqu'au 1er juin 1700.

1703. — En la visite du 4 septembre par Mr de Romé de
Vernouïllet, assisté du sieur curé de Bournainville,
il est dit : — « Sur les plaintes à nous faites sur les
» comptes des quêtes provenant de la confrérie
» érigée en l'honneur de la Ste Vierge, approuvée
» par Mgr l'Evêque, comte de Lisieux, le 21 jan-
» vier 1656....., leur faisant droit avons ordonné
» que les statuts seront exécutés selon leur forme
» et teneur, et qu'il sera dressé un compte tous les
» ans des deniers de ladite confrérie...»

1731. — En la visite du 26 mai, à Mr Romé de Vernouïllet a
succédé : Mr Jean-Henry Gerard, licencié en théologie de la maison de Sorbonne, chanoine, vic. gén.,
official et Grand-Archidiacre de Lisieux, assisté de
Me Guill. Champion, curé de Bournainville. —
M. Gerard figure vingt-neuf ans.

1734, 21 juillet. — Mr Gérard, en sa visite, est assisté de
Mr Pierre Lespron, curé de Villers (sous Lisieux),
qui devint curé de Moyaux.

1735, 18 avril. — Mr Gerard, grand Archidiacre, est assisté
de Mre Jean-Jacque Fourel, curé de Fontenelle, et
doyen de Moyaux ; — et de même dans les visites
des années suivantes. — Il figure encore comme tel
en la visite du 13 mai 1748, qu'il fait lui-même, à
ce dûment autorisé. — Il décéda le 10 juillet 1749.

1749, 25 août. — En la visite de Mr Gerard, c'est Mr Lespron
qui l'assiste comme curé-doyen de Moyaux et qui
figure comme tel jusqu'en 1773, à l'inhumation de
Me Lesueur, curé de Fontaine, le 1er avril, — puis
jusqu'au 18 octobre 1776, à l'inhumation de Mr Levillain, curé de Fontenelles. — Son successeur dans
ce titre fut Mr Blondel, curé de Bournainville.

1755, 17 mai. — Dans le compte-rendu en ce jour,

Mr Lesueur, curé de Fontaine, fait don à l'église d'une somme de 235 livres, qu'il a employée à l'achat de livres liturgies, d'un devant d'autel pour St Roch, second patron, et de bouquets. — C'est la seule indication que j'aie rencontrée de St Roch comme second patron de la paroisse.

1759. — Dernière visite de Mr Gerard, — remplacé par Mr Lachaume, Archidiacre, en 1760.

§ III

Faits spécialement remarquables

I — *Dorure de l'autel du chœur*

1713. — En 1713, le retable de l'autel du chœur avec les colonnes a été doré par le sieur Guillaume Viquesnel, de Cormeilles, pour le prix de 390 livres provenant d'un recouvrement d'arrérages. — D'après une écriture en marge, en date du jour de la Toussaint 1743, une somme de trente livres fut ajoutée pour complément de paiement ; et en outre sept livres dix sols payés au sieur Guill. Viquesnel pour le vin de son marché.

II. — *La chaire*

1737. — Le 3 novembre, marché passé entre le trésorier de la fabrique de Fontaine et le sieur Lefranc, menuisier à Cormeilles, pour faire une chaire à prêcher, en présence de MM. les curés de Fontenelle et de Fontaine, de Me Duval, vicaire, de Me Bullet, sousdiacre, et de M^{tre} Lesueur, procureur, pour le prix de 220 livres. — Posée fin de février 1738.

III. — *Cloches*

1747, 19 et 30 novembre. — Furent refondues les deux

cloches de Fontaine, comme l'atteste une délibération d'enrôlement, commençant ainsi : « Du jeudi
» 30ᵉ jour de novembre 1747, ...devant nous
• Jacques Levavasseur, pᵗʳᵉ desservant le bénéfice-
» cure de ladite paroisse, non au son de la cloche,
» pour avoir été refondues toutes deux, et pour
» n'être encore remises, se sont assemblés, etc .. »

(Mʳ Pierre Levavasseur, curé, était défunt depuis un an).

1751, 24 juin. — Délibération pour la refonte de la petite cloche, cassée.

1756, 30 juin et 11 juillet. — Délibérations pour la refonte de la grosse cloche, cassée. — Dans ces délibérations figure Messire Alexis-Gabriel Durosey, chevalier, seigneur de Villards.

IV. — *Réparations à l'église, — et au presbytère*

L'église

1758, 30 juillet. — Délibération au sujet d'un impôt à établir pour d'importantes réparations à faire à l'église : nef, portail, clocher, chapelle.

Le presbytère

Plusieurs délibérations à ce sujet

1773, 18 juillet. — Délibération pour les réparations à faire au presbytère. — Principaux personnages mentionnés : Messire Jean-Baptiste de Boschenry, écuyer, seigneur et patron de la paroisse de Fontaine (lequel signe ainsi : Boschenry de Drucourt), Mᵉ Michel Chéron, curé de la paroisse..... Se sont assemblés en état de commun les paroissiens habitant et possédant fonds, soussignés, savoir : Mᵉ Fᵘⁱˢ Jean

Du Bois, chanoine, député du chapitre de Lisieux,
.....Jean-Baptiste Cassé stipulant pour M^r l'abbé
Merry, chanoine et vicaire général de Mgr l'Evêque
de Lisieux, archidiacre d'Auge, ...Et Me Louis
Haudard de la Chesnaye, avocat, et le sieur Noël-
Pierre Signol, héritiers de Mr Lesueur, curé, stipu-
lant tant pour eux-mêmes que pour leurs cohéri-
tiers.

(Un enclos en herbage porte encore actuellement le
nom de Clos-Merry).

1774, 2 janvier. — Délibération à laquelle Mre Jean-Baptiste
de Boschenry est représenté par Messire Louis
Hugues de Boschenry, son fils, lieutenant de dragons du régiment de Damas.

1774, 17 avril. — Autre délibération, en complément de celle
du 18 juillet 1773, portant devis des grandes réparations à faire au presbytère, en vertu de laquelle
le pavillon nord-est du presbytère de Fontaine a
été construit en 1774, par les soins de M^{tre} Chéron,
curé. — Cette délibération a été prise devant Messire
Jean-B^{te} de Boschenry, chevalier, seigneur Baron
et haut justicier de Drucourt, seigneur et patron de
la paroisse de Fontaine-la-Louvet ; et en présence
de Me Michel Chéron, curé.

Signé : Boschenry de Drucourt. — Et les
autres signatures.

CHAPITRE VI

Ancienne paroisse de Fontenelles

L'église était sous le patronage de la Sainte-Vierge. —
Notre-Dame de Fontenelles.

§ Ier

Curés et vicaires de Fontenelles

1685, Janvier. — Etait curé, Charles-Gabriel de Pierres. — Vicaire, Jacques Blot.

1689, Janvier. — Curé, Jean Bonnent.
Vicaire, Louis Bullet. — Le 25 juin 1709, il signe : « Prêtre vicaire desservant le bénéfice de Fontenelle. » — Il continue comme vicaire jusqu'à la fin de 1716. — C'est sans doute lui qui passa au vicariat de Fontaine en janvier 1717.

1717, 3 mai. — Curé, M⁺ François Halbout.

« Il décéda le 6 avril 1725, et fut inhumé le 7 » dans le chancel de l'église de Fontenelle. »

1725. — A M⁰ Halbout succède *Desservant* de Fontenelle Nicolas Desjardins jusqu'à la fin de 1726.

1727, 1ᵉʳ janvier. — *Desservant* de l'église de Fontenelles P. Pains, jusqu'en août 1727.

1727, septembre. — Curé, M⁰ Jean-Jacques Fourel.

Au 18 avril 1735, en la visite de l'église de Fontaine. il figure comme doyen de Moyaux, succédant en ce titre à M⁰ Champion, curé de Bournainville. Il figure encore comme tel en la visite du 13 mai 1748. — Il décéda le 10 juillet 1749.

1749. — Vers le commencement de l'année, peut-être plutôt, vicaire Louis-François Levillain.

1749. — « Le 11 juillet, fut inhumé M⁺ᵗʳᵉ Jean-Jacques

» Fourel, curé de Fontenelles et doyen du doyenné
» de Moyaux, décédé d'hier, âgé d'environ 53 ans,
» dans le chancel de l'église par Mr Lespron, curé
» de Moyaux. »

Ce fut Mr Lespron, curé de Moyaux, qui succéda
à Mr Fourel dans le titre de doyen de Moyaux.

1749. — Dans la cure de Fontenelles, à Mr Fourel succéda
Me Levillain, précédemment vicaire. Le 2 septembre il signe : Prêtre desservant pourvu au bénéfice-
cure de la paroisse; — et ensuite : curé-desservant.

1775, mars. — Vicaire, R. Philippe.

1776. — Le 18 octobre, fut inhumé Mr Louis-F^{ois} Levillain,
dans le chœur de l'église, âgé de 65 ans, — par
Mr Lespron, curé et doyen de Moyaux.

1776. — Le 7 novembre, puis le 21 novembre au mariage de
Jean-Baptiste Féret et Marie Horlaville, Mr R. Philippe signe : desservant de Fontenelles.

1778. — Curé, M^{tre} Jacques Hare, pendant bien peu de
temps.

1778. — Le 20 juin, décès de M^{tre} Jacques Hare, curé de
Fontenelles, âgé de 40 ans. — Inhumé par Mr Saffrey,
curé de Saint-Léger. — Présents MM. L. Letellier,
curé des Places, Lefranc, c. de Folleville.

Par la suite, Mr R. Philippe signe encore desservant de Fontenelles.

1780, 20 septembre. — Baptême, — premier acte où apparaît la signature : de la Fosse Bellecour, curé de
N.-D. de Fontenelle.

1789, 8 octobre. — Vicaire, Mᵣ Vincent-François Fleury, dans
un acte à cette date du 8 octobre 1789, portant : Naissance et baptême de Jean-Gaspard-Honoré Féret.

C'est ce Mᵣ Fleury qui devint, après la Révolution,
curé de Piencourt. — Gaspard Féret vécu jusqu'à sa
quatre-vingt-sixième année commencée, et mourut
le 9 novembre 1874.

1790, 17 mai. — Une inhumation par Mᵉ Jumel, curé de
Piencourt, avec assistance de Mᵗʳᵉ Joseph-Pierre
Lacour, vicaire de Fontaine.

1792, 1ᵉʳ septembre. — Mariage de Jean-Baptiste Legendre
et Victoire Colleville : — le dernier acte par Mᵣ de
la Fosse Bellecour, curé de Fontenelles.

Il émigra en Angleterre.

Après la Révolution, il revint dans sa paroisse
de Fontenelles pendant environ six mois ; et de là
fut nommé curé de Saint-Ouen de Pont-Audemer,
où il finit ses jours en 1817.

§ II

(Je n'ai point fait d'étude spéciale sur l'ancienne Seigneurie de Fontenelles).

Quelques notes seulement :

1648, 3 juillet. — Dans un contrat d'échange de pièces de
terre figure : « Noble Seigneur Messire Alexandre
» de Païsant, chevallier seigneur de Sainct Martin
» de Bouttemont, et de Fontenelles à cause de noble
» Dame Peronne de Bouchard son espouse. »

1731, 4 mai. — Inhumation de François Durosey, âgé de
60 ans, à la requisition de François Durosey son
fils (Peut-être parents des Jean Durosey de Fon-

taine ; mais différents des Durosey qui devinrent
seigneurs de Villards).

1748, 14 août. — Dans un acte de baptême figure Messire
Joseph-Laurent de Grieu, écuyer, seigneur et
patron de Fontenelle, et aussi seigneur de Gran-
doüet.

1786, 9 octobre. — Inhumation de Jean-Joseph-François
Paisant, de la paroisse de Saint-Germain de Lisieux,
âgé de 81 ans ; — Inhumé par Mr Chéron, curé de
Fontaine. — Présents : Mrs Saffrey, c. de St Léger,
Leproux, c. de Piencourt, — Tahère, c. de Morain-
ville, — Auzoux, c. de Bailleul, — N. Lefebvre, c.
de Barville, — Allain, c. de St Aubin, — ..... c. de
St Gervais (non signé), — de la Fosse Bellecour,
c. de Fontenelle.

1788, 30 avril. — Inhumation de Suzanne Paisant, veuve de
Simon-Nicolas Ribault de Montróty, âgée de 86 ans.
Prêtres assistants, MMrs Allain, curé de Scellon
(St Aubin), — Louis Joüen de Bornainville, c. du
Favril, — N. Lefebvre, c. de Barville, — Ch.
Lefranc, c. de Folleville, — Fontaine, c. de S. Ger-
vais, — Jouveaux, c. des Places, — de la Fosse
Bellecour, c. de Fontenelle.

Du 1er avril mil sept cent quatre-vingt-seize jusqu'à la fin de mil huit cent quatorze, le maire de
Fontenelles était Gaspard Turpin.

Le dernier maire de la commune de Fontenelles,
supprimée en 1845, fut Louis-Guillaume Viquesnel,
frère cadet de Mr l'abbé Viquesnel mort curé d'Ezy.

Louis-Guillaume, né le 1er février 1797, décéda
le 24 mai 1879, dans sa 83e année.

CHAPITRE VII

Ancienne paroisse de Saint-Léger-de-Glatigny

Patron, Saint-Léger

Curés de Saint-Léger

1691. — Etait curé Me Pierre Dauffresnes.

1713, 2 juin. — Curé, Me Louis Farain.

> Inhumé dans le chœur de l'église, le 20 avril 1743, âgé de 68 ans, — par Mr Fourel, curé de Fontenelles et doyen de Moyaux.

1743. — A Me Farain succéda Me R. C. Saffrey, qui fut le dernier curé de Saint-Léger. — Son dernier acte est du 20 octobre 1792.

> Et ce pauvre vieillard fut obligé de se retirer de cette paroisse, dont il avait été curé pendant près de cinquante ans.

1716, 6 décembre. — L'ancienne cloche de l'église de Saint-Léger-de-Glatigny, depuis fondue dans celle de Fontaine, avait été bénite par Mr Farain, curé de Saint-Léger, le 6 décembre 1716. Elle avait été nommée Marie-Jeanne par Messire Jean-Baptiste de Carrey, docteur de Sorbonne et chanoine de l'église primatiale et cathédrale de Rouen, et par noble Dame Marie-Anne-Cécile de Martainville, épouse d'Alexandre-François de Carrey, seigneur et patron de ladite paroisse de Saint-Léger-de-Glatigny.

1775, 27 novembre. — Baptême de Madeleine-Françoise-Angélique Réville, née d'aujourd'hui.

Elle décéda veuve Cardon le 16 décembre 1868, parvenue à sa quatre-vingt-quatorzième année commencée.

1792, 20 octobre. — Dernier acte de Mʳ Saffrey, curé de Saint-Léger. — Baptême de Edouard-Jacques Thibout.

Edouard-Jacques Thibout fut le dernier maire de la commune de Saint-Léger-de-Glatigny, supprimée en 1845.

FIN DE LA PREMIÈRE PARTIE

＊

CHAPITRE Ier

Réorganisation de la paroisse après la Révolution

A la suite du Concordat conclu entre Sa Sainteté le Souverain Pontife Pie VII et Napoléon, le 26 messidor an 9 (15 juillet 1801), ratifié le 23 fructidor (10 septembre), la paroisse de Fontaine-la-Louvet fut distraite du diocèse de Lisieux, lequel fut supprimé ; et elle fut réunie avec cette portion de l'arrondissement de Bernay au diocèse d'Evreux, de même que la portion de l'arrondissement de Pont-Audemer qui appartenait précédemment au diocèse de Lisieux.

Les deux paroisses de Fontenelles et de Saint-Léger-de-Glatigny furent supprimées, et réunies à celle de Fontaine. — Néanmoins elles subsistèrent comme communes jusqu'au 16 mai 1845, date de leur réunion à la commune de Fontaine.

L'église de Fontenelles était située à l'extrémité nord-ouest de la cour de la ferme d'en bas, à droite du chemin de Fontaine à Saint-Léger. L'avenue d'arbres qui descend encore actuellement de la campagne, à gauche, se poursuivait vers cette église.

Le presbytère de Saint-Léger existe encore. L'église était à côté, sur la petite butte à droite du chemin tournant, dans le bas de Saint-Léger.

Les anciennes églises furent vendues à démolir le 20 juillet 1811, celle de Fontenelles au prix de 500 francs, celle de Saint-Léger 800 francs. — De ce produit, 800 francs servirent à consolider la charpente du clocher, travail entrepris par Jean Mullot, charpentier à Folleville. — Cahier des charges et adjudication, du 5 juillet 1812.

Les deux cimetières furent vendus par la commune de Fontaine le 29 juin 1856 ; et depuis, une petite maison a été construite sur l'emplacement de l'église de Saint-Léger.

La statue de Saint-Léger a été transférée dans l'église de Fontaine. — Par acte en date du 16 juillet 1849, Mgr Olivier, Evêque d'Evreux, a accordé l'autorisation de lui donner le titre de second patron de Fontaine.

CHAPITRE II

Noms des Curés qui se sont succédé en la paroisse depuis le Concordat de 1801

1802, 1er juin. — Le premier curé après le Concordat fut Mr Jean-Baptiste Letellier, mentionné dans la première partie, né à Fontaine en 1747, et curé de cette paroisse le 1er juin 1802. — Il décéda le 31 juillet 1815, âgé d'environ 68 ans.

1816, 1er juillet. — Mr Nicolas Beautier, né à la Chapelle-Hareng. — Décédé à Fontaine le 31 août 1818, âgé d'environ 30 ans.

1818, 1er octobre. — M. François Monteille. — Il quitta la paroisse à la fin de septembre 1822. — Après avoir demeuré à Rouen un bon nombre d'années, comme chapelain honoraire en l'église métropolitaine, il vint mourir à Saint-Germain-la-Campagne, son pays natal, en l'année 1865, le 5 août, dans sa 72e année.

1822. — Fin de novembre ou commencement de décembre. Mr Louis Milâtre. — Il quitta la paroisse le 4 ou le 5 décembre 1826.

1827, 1er juin. — Mr Trinité. — Il quitta la paroisse sur la fin de décembre de la même année 1827.

1828, 1er octobre. — Me Alexis Dumoutier. — Il décéda à Fontaine le 18 décembre 1848.

1848, le 28 décembre, — Mr Jean-Baptiste Toury. — Il quitta la paroisse le 15 septembre 1855.

1855, le Dimanche matin 25 novembre. — Mr Eugéne Dauvel.

CHAPITRE III

Etat intérieur de l'église, et tableau chronologique des faits

§ Ier

Intérieur de l'église

Autels

Il y a dans l'église cinq autels : — autel du chœur ; — autel de la Sainte Vierge du titre de Notre-Dame de la Salette, à côté du chœur ; — autel de la Sainte Vierge-Mère de Dieu dans la chapelle spéciale ; — autel de Saint-Léger, au haut de la nef avant l'entrée du chœur, du côté de l'évangile ; — autel de Saint-Santin du côté de l'épître, vis-à-vis de celui de Saint-Léger.

Statues

A l'autel du chœur. — Au sommet : Sainte Mère de Dieu ; — au-dessus des chapiteaux des colonnes de l'autel : deux anges ; — de chaque côté de l'autel : St Arnoult, patron, du côté de l'évangile ; St Ortaire, du côté de l'épitre. — Dans le chœur : Ste Geneviève, St Jean-Baptiste, St François d'Assise.

Dans la chapelle de N.-D. de la Salette : — Le groupe de la Sainte Vierge conversant avec les deux petits bergers ; — le long d'un pilier, au bout de l'autel, du côté de l'épître, une petite statue de Saint Joseph ; — sur les piliers : Sainte Claire ; Sainte Marguerite ; Sainte Catherine ; Saint Roch ; Saint Jacques.

A l'autel de la Sainte Vierge : Mère de Dieu ; — de chaque côté : Sainte Anne, et Sainte Barbe.

A l'autel de Saint Léger : — Statue de Saint-Léger.

A l'autel de Saint Santin : — Saint Santin, Saint Roch, Saint Sébastien.

En outre : deux statuettes : — Saint Denis, à côté de Saint Arnoult ; Saint Clair, au coin de l'autel de Saint Léger.

Tableaux

Deux tableaux . — Au maître-autel, une Assomption, tableau moderne, copie de Prud'homme, n'ayant pas une grande valeur. — Au-dessus de l'entrée de N.-D. de la Salette : la Nativité de Notre-Seigneur, ancien tableau du maître-autel, bien meilleur que l'autre, et qui doit reprendre sa place au maître-autel.

Dans la nef, il y a deux petits tableaux sans valeur : — Un Christ vis-à-vis de la chaire, et plus bas, Saint Blaise.

Dans la sacristie, trois tableaux portraits : Messire Robert-Gilles Lesueur, ancien curé de Fontaine, peint en 1738. — Louis Haudard de la Chesnaye, peint en 1738. — Le marquis de Bretoncelles, peint vers la même époque.

Le blason des derniers seigneurs de Fontaine,— les Bosc-henry, — est peint tant à l'extérieur qu'à l'intérieur de l'église. — A l'extérieur, au-dessus de la porte et sur les piliers du côté nord, où il est presque effacé. — A l'intérieur, au-dessus de la porte et dans la nef, à deux places de chaque côté, il y est très bien conservé sous le badigeon. — Ce n'est pas le blason des anciens marquis de Fontaine et de Breton-celles ; mais celui du dernier seigneur, leur successeur, le baron de Bosc-henry, aussi seigneur de Drucourt ; il porte la couronne de baron.

Il existe deux fragments de peinture murale, couverts sous

le badigeon, dans l'embrasure de deux fenêtres au midi, la première et la troisième dans la nef, sur un côté seulement de chaque fenêtre, le côté tourné vers la chaire. Il serait difficile de les faire reparaître distinctement. — Le côté qui se trouve sur l'escalier de la chaire semble être une apparition de la Sainte Vierge à trois personnages, peut-être aux trois chevaliers frères : N.-D. de Liesse. — Ces fragments de peinture doivent être bien anciens.

Sur la grande fenêtre de la chapelle de la Sainte Vierge il y a quelques fragments d'anciens vitraux, dont l'un représente Saint Romain tenant une corde ou son étole passée autour du col de la Gargouille. — Un autre semble représenter le Père éternel.

Crypte de sépulture

Dans la chapelle latérale du chœur, autrefois dite chapelle de Saint Jean et chapelle des Marquis, et maintenant chapelle de N.-D. de la Salette, il existe une crypte vide et d'une belle grandeur, dans laquelle on descend par un escalier. C'était le lieu de la sépulture des anciens seigneurs qui avaient fait construire cette chapelle pour leur usage. — Pendant la Révolution de 1793, ce caveau fut violé, et le plomb des cercueils envoyé au district de Bernay pour en fabriquer des balles de fusil.

Reliques

Saintes Reliques que possède l'église de Fontaine, outre celles qui sont dans la pierre sacrée de chaque autel :

1° de Saint Arnoult, évêque de Metz, patron de la paroisse, à l'autel du chœur, au coin de l'évangile, sous un globe, dans un petit médaillon.

2° de Saint Nigaise, apôtre du Vexin et martyr ; au même autel, au coin de l'épître, sous un globe, dans une petite custode.

L'authenticité de ces deux saintes Reliques est garantie par les titres délivrés par Mgr Olivier, évêque d'Evreux, le 7 novembre 1850.

3ᵉ Ensemble dans un petit médaillon, sous le même globe que Saint Nigaise : — Une parcelle des ossements des bienheureux apôtres Saint André, Saint Jacques-le-Majeur, Saint Thomas, Saint Philippe, Saint Jacques-le-Mineur, Saint Barthélemy, Saint Jude ou Thaddée, Saint Barnabé, Saint Matthieu apôtre, et évangéliste, Saint Luc évangéliste, et du chorax de Saint Ignace, prêtre et fondateur de la compagnie de Jésus ; — concédées à Rome le 2 janvier 1855, avec le titre d'authenticité.

4° Une parcelle de la vraie Croix, concédée à Rome le 2 janvier 1855, avec le titre d'authenticité ; — conservée dans la sacristie dans l'armoire du calice, dans un petit médaillon enveloppé du titre d'authenticité.

§ II

Tableau chronologique des faits

En 1803 fut érigée une Confrérie du Saint-Sacrement. — Elle fut transformée en Confrérie de Charité vers 1824 ; — et elle existe composée d'un Prévôt, d'un Echevin et de douze frères, sous le patronage de la Sainte Vierge et de Saint Arnoult.

1805. — Le 28 germinal an 13 (18 avril 1805), — marché conclu pour la fonte des trois cloches : de Fontaine, Fontenelles, Saint-Léger, « pesant ensemble 888 » livres, pour n'en faire qu'une, — par le sieur » Jacques Lavillette, fondeur à Lisieux. »

« La cloche fondue pour l'église de Fontaine se trouve peser 880 livres, poids de kilogrammes. — Lisieux le 26 prairial an 13 (15 juin 1805). — Prix de marché 306 livres. — Le fondeur ayant fourni 47 livres de métal pour compenser le déchet, à 2 francs la livre, le prix total a été de 400 livres. »

Elle fut nommée Pauline par Gabriel-Louis Durosey de Villards et Pauline Rondel, Dame de Boisrioult d'Heudreville.

C'est la cloche actuellement encore existante.

1850. — Dans le cours de l'été. — Construction de la sacristie.

1853. — Dans l'automne. -- Plafonnage de la voûte du chœur.

1864. — A la fin de l'année, a eu lieu le revêtement et le plafonnage du dessous et du devant du clocher, à l'intérieur de l'église.

1865. — Août. — Pose de l'arcade et du Christ au-dessus de l'entrée du chœur.

— Et en octobre. — Boiserie d'ornementation du devant du clocher.

1872. — En octobre et novembre. — L'ornementation de la voûte de la nef et des poutres traversières, et la décoration des murailles de la nef.

A la même époque a eu lieu le renouvellement intérieur de la chapelle latérale du chœur, avec la décoration de la voûte pour être dédiée à Notre-Dame de la Salette, dont cette chapelle, depuis lors, porte le titre.

— Les 6 et 7 décembre. — Pose de l'autel et de l'estrade de N.-D. de la Salette, et le 14 décembre, pose du vitrail représentant l'apparition de N.-D. aux deux petits bergers.

1873. — Juillet. — Pose du parquet du sanctuaire de Notre-Dame de la Salette et de la balustrade ; puis du pendentif d'ornementation de l'estrade.

1878. — 20 juillet. — Pose d'un tableau devant-d'autel, représentant l'Annonciation, à l'autel de la Sainte Vierge ; et de vitraux aux trois fenêtres latérales de la Chapelle de N.-D. de la Salette. Les sujets des petits médaillons sont : 1º Saint Joseph, Saint Eugène, et, dans le haut, Sacré-Cœur de Jésus ; 2º Saint Léon, Saint Charles, et, dans le haut, Saint Alexandre, pape, martyr ; 3º Saint Paul, et, dans le haut, Saint-Cœur de Marie.

1881. — 1er août. — Le parquet du sanctuaire et le marchepied de l'autel de N.-D. de la Salette, pourris par l'humidité, ont été refaits à neuf, le sanctuaire en pavés noirs et blancs, entremêlés de petites rosaces, le marchepied en bois de chêne.

1882. — Septembre. — Les vieux devants d'autel en toile peinte, de Saint Léger et de Saint Santin, remplacés par des devants d'autel en bois ; et le lambris pourri de séparation de l'autel du chœur et de la chapelle de N.-D. remplacé par un autre.

1885. — Septembre. — Peinture et décoration de ces deux devants d'autel ; — et pavage du sanctuaire du chœur, noir et blanc, avec petites rosaces.

1887. — Avril. — Tous les bancs de la nef de l'église ont été refaits à neuf, au nombre de vingt-six ; et ceux de la chapelle restaurés.

1888. — Septembre. — Les stalles du côté gauche, à l'entrée du chœur, et le marchepied des autels de Saint Léger et de Saint Santin, refaits à neuf.

§ III

Fêtes, institutions et œuvres paroissiales

I — Fêtes

La fête patronale de la paroisse est celle de Saint-Arnoult, le 18 juillet, dont la solennité se célèbre le dimanche.

Depuis l'introduction de la liturgie romaine, il n'y a plus lieu de célébrer les fêtes secondaires de Saint Arnoult, savoir: le jour de sa mort, 16 août, quand il tombait au dimanche ; et le dernier dimanche après la Pentecôte, anniversaire de la translation de la Relique de Saint-Arnoult dans la paroisse de Fontaine, fête qui avait été autorisée par Mgr Olivier, par acte en date du 7 novembre 1850. — Néanmoins ces deux dimanches continuent à être jours de service pour la confrérie de Charité ; — et on y peut chanter après vêpres, en l'honneur de Saint-Arnoult, l'hymne Christe Pastorum.

De même pour la fête de Saint-Léger, déclaré second patron de la paroisse par acte de Mgr Olivier, évêque d'Evreux, en date du 16 juillet 1849, il n'y a plus lieu de la célébrer sous le rit solennel-mineur le dimanche avant le 3 octobre. — Suivant la règle des patrons secondaires, le bréviaire et la messe de Saint Léger se disent, sous le rit double ordinaire, le 3 octobre, et suivent la règle de la translation des fêtes du même degré, si le 3 octobre est occupé par le Saint Rosaire ; ou bien, si, le Saint Rosaire étant le deux, la fête des Saints Anges gardiens doit avoir lieu le trois.

II. — Saluts du Saint-Sacrement

Outre les Saluts du Saint-Sacrement qui sont de droit commun, ceux autorisés sont : — le jour de la solennité annuelle de Notre-Dame de la Salette ; — à la fête annuelle de l'œuvre de la Sainte-Enfance, que l'on célèbre un des dimanches du mois de mai; —et le dimanche dans l'octave de la Nativité de la Sainte Vierge, jour de la cérémonie annuelle des quêteuses de la Sainte Vierge.

Salut d'expiation, de N.-D. de la Salette, le premier dimanche de chaque mois, ou un autre dimanche quand le premier est empêché par une solennité.

III. — Propagation de la Foi, et Sainte-Enfance

1857. —— 1er mai. — Etablissement de l'œuvre de la Propagation de la Foi.

1861. — 29 décembre. — Etablissement de l'Œuvre de la Sainte-Enfance.

IV. — Confrérie de Notre-Dame de la Salette

1863. — 5 décembre. — Erection canonique de la Confrérie de Notre-Dame Réconciliatrice de la Salette, par ordonnance de Monseigneur Devoucoux, évêque d'Evreux. — Et le dix décembre, affiliation de ladite Confrérie à l'Archiconfrérie du sanctuaire de la montagne de la Salette, par diplôme signé : Arthur, directeur de l'Archiconfrérie, et Albert, secrétaire.

A la même époque, acquisition d'une belle statue de la Vierge-Immaculée, sous le vocable de N.-D. Réconciliatrice de la Salette, dont l'inauguration et la bénédiction ont eu lieu le dimanche 17 janvier, fête du Saint-Nom de Jésus, 1864.

La solennité annuelle de N.-D. de la Salette se célèbre en l'église de Fontaine le 19 septembre, avec concours de prêtres. — On y chante la messe de N.-D. des Sept-Douleurs.

Il y a un registre spécial de cette œuvre.

V. — Chemin de la Croix

1865. — Dimanche 24 septembre. — Erection du Chemin de la Croix, avec de petites croix, par le R. P. Benigne, religieux de la maison des Récollets de Caen. — Et le dimanche 22 octobre 1871, érection nouvelle, avec des tableaux en relief, par Mr Pichot, curé archiprêtre de Bernay. — Les titres de cette double érection du Chemin de la Croix sont conservés à la fin du registre de catholicité de l'année 1865.

VI. — Calvaire

1876. — Dimanche 17 septembre. — Erection et bénédiction d'un Calvaire, à l'extrémité de l'avenue de la fontaine, à l'entrée du Clos-Merry, sur le bord de la route de Saint-Aubin à Thiberville. — Prédicateur le R. P. Norbert, de l'ordre des Prémontrés de l'abbaye de Mondaye, près Bayeux. — L'acte en est consigné sur le registre des délibérations de la fabrique.

VII. — Visites Episcopales et Confirmation, par Monseigneur Nicolas-Théodore Olivier

1844. — Après Pâques.

1849. — 4 Mai.

1854. — 8 Mai.

Par Monseigneur Jean-Sébastien-Adolphe Devoucoux

1860. — 28 Avril.

1866. — 26 Mai.

La Confirmation a eu lieu sans visite à Fontaine :

1858. — 21 Novembre, à Thiberville.

1872. — 31 Mai, à Saint-Aubin-de-Scellon.

1877. — 21 Avril, à Saint-Aubin.

Visite par Monseigneur François Grolleau

1882, — 24 Avril.

1887. — 26 Avril, Confirmation dans l'église de Saint-Aubin.

VIII. — Retraites paroissiales

1861. — Le dimanche 21 avril, 3e après Pâques, jusqu'au jour de l'Ascension, 9 mai ; — prêchée par Mr Claverie Adolphe, lazariste, missionnaire diocésain.

1862, — Le 18 juin, 4e dimanche après Pâques, petite retraite, par le même, jusqu'à l'Ascension, 29 juin.

1865. — Retraite du Jubilé, le dimanche 10 septembre jusqu'au dimanche 24 ; — prêchée par le R. P. Benigne, récollet du couvent de Sainte-Paix de Caen. — La clôture de cette mission a été faite aux vêpres par l'érection du Chemin de la Croix.

1869. — Retraite du Jubilé, à l'occasion du prochain Concile œcuménique du Vatican, — le dimanche 5 septembre jusqu'au dimanche 19 ; — prêchée par Mr Vannier, lazariste, missionnaire diocésain.

1875. — Retraite paroissiale, à l'occasion du grand Jubilé de l'Année-Sainte, le dimanche onze avril jusqu'au dimanche 2 mai ; — prêchée par le R. P. Norbert, religieux Prémontré de l'abbaye de Mondaye, près Bayeux.

IX. — Archives de la paroisse

Au presbytère, dans l'armoire des archives de la paroisse, se trouvent :

Les registres des délibérations et des comptes de la fabrique.

Le livre des comptes de la Confrérie de Charité.

Celui des nominations des Prévôts et Echevins et du service des Frères.

Le livre de la Confrérie de Notre-Dame de la Salette.

Les mandements épiscopaux et lettres pastorales depuis mon arrivée dans la paroisse, fin de novembre 1855.

La collection des registres de catholicité de la paroisse de Fontaine depuis le 1er juin 1802.

En outre, il y a un recueil authentique des baptêmes des enfants des trois paroisses de Fontaine, Fontenelles et Saint-Léger, depuis septembre 1792 jusqu'à juin 1802.

Dans le registre de catholicité de chaque année, depuis le commencement de l'année 1852, se trouve consigné le nombre total des baptêmes, mariages et inhumations, à dater du 1re janvier 1806 ; — et de ceux qui ont eu lieu depuis mon installation dans la paroisse, 25 novembre 1855.

Les premières communions et confirmations y sont inscrites depuis le 4 mai 1849.

Du 1ᵉʳ janvier 1806 au 1ᵉʳ janvier 1889 il y a eu 1201 baptêmes, 504 mariages, 1359 inhumations.

Du 25 novembre 1855 au 1ᵉʳ janvier 1889, il y a eu 410 baptêmes, 167 mariages, 551 inhumations.

FIN

APPENDICE

Ancienne seigneurie de Fontenelles

1889. — La descendance de l'ancienne seigneurie de Fontenelles s'est perpétuée jusqu'ici en la personne de Mme de Grente, épouse de Mr le vicomte de Grente, habitant ensemble en leur château de Glos-Montfort (Eure). — Cette Dame est encore actuellement propriétaire, à Fontenelles, des terres de l'ancien domaine de ses ancêtres, dont voici la généalogie, à partir de son trisaïeul mentionné ci-dessus à la date de 1748, le 14 août :

Joseph Laurent de Grieu, — et sa femme, née de Franqueville, *fille de* Mme de Franqueville, qui était nièce de Mgr de Matignon, Evêque de Lisieux.

Père et mère de

Demoiselle de Grieu, Dame de N.

Qui fut mère de

Madame la Marquise d'Erneville,

Mère de

Madame du Hauvel,

Mère de

Madame de Grente.

L'ancien manoir seigneurial était tout près de l'église de Notre-Dame de Fontenelles. — Il a été démoli en 1863, et a été remplacé par une maison de fermier. — Il pouvait avoir de cinq à six cents ans d'existence.

TABLE DES MATIÈRES

Deuxième Partie

ERRATA